Susan Powter

Let's eat!

150 Rezepte zum Erfolgsbuch „Ohne Diät geht's auch"

Aus dem Amerikanischen übersetzt
und für die deutsche Ausgabe bearbeitet von
Angelika Feilhauer

ZABERT SANDMANN

1. Auflage 1997
Verlag Zabert Sandmann, München

Titel der amerikanischen Originalausgabe:
C'mon America, let's eat!
Simon & Schuster, New York

Lektorat: Sophie von Lenthe
Umschlaggestaltung: ZERO, München
Typografische Gestaltung, Satz und Herstellung: Werner Kopp
Produktion: Peter Karg-Cordes
Lithografie: inteca Media Service GmbH, Rosenheim
Druck: Neue Stalling, Oldenburg
ISBN 3-924678-55-3

Inhalt

Vorwort

Es findet eine große Feier statt, und ich brauche Ihre Hilfe. Wir sprechen von einer Party. Einem riesengroßen Fest. Dieses feuerwerkstaugliche Spektakel ereignet sich nicht draußen am Pool, beim Gartengrill oder auf irgendeinem Baseballplatz, auf dem Sie einmal waren, und Sie werden niemanden in Abendkleidern oder Kostümen sehen.

Dieses Fest findet hier auf den Seiten dieses Buches statt.

Möchten Sie wissen, warum wir feiern und was zum Teufel das mit Ihnen zu tun hat, essen, kochen und ich?

Zerbrechen Sie sich nicht den Kopf, meine Freundinnen. Ich gebe Ihnen die Antwort: AMERIKA.

Wir feiern Amerika. Wir feiern Amerika, indem wir amerikanisches Essen präsentieren, zur Schau stellen, zum Star machen. Das ist eine verdammt gute Möglichkeit, Ihnen ein paar tolle Informationen zukommen zu lassen, die Ihr Leben erheblich einfacher und Ihre Schenkel beträchtlich dünner machen werden. Kommen Sie zu einem Fest innerhalb eines Festes, meiner eigenen kleinen Party.

Sie haben keine Ahnung, wovon ich rede? Keine Angst, Sie werden es noch verstehen.

Warum ich feiere? Sicher, in den letzten Jahren ist es gut für mich gelaufen (hier und da ein paar Probleme, aber nichts, worüber ich mich beklagen könnte). Doch das ist nicht der Grund für diese Party in einem Buch.

Feiere ich, weil ich gerade in der Stimmung zum Feiern bin? NEEEEEIIIN.

Hier ein Tip:

Amerika ist der Star dieses Buches...

Die Nationalhymne ertönt mit jedem getippten Wort...

Es ist ein Gerichtssaal im Spiel. (Jetzt reiben sich meine Rechtsanwälte die Hände. Zurücktreten, Jungs und Mädels! Das geht euch nichts an.)...

Es ist eine kleine Prüfung im Spiel, bei der AMERIKANISCHE Geschichte im Mittelpunkt steht...

Der Grund für das amerikanische Thema...

Eine Verbindung zwischen Apfelpie und mir...

SIE HABEN ES ERRATEN: ICH HABE DIE STAATSBÜRGERSCHAFT BEANTRAGT.

Los, meine MITAMERIKANER UND MITAMERIKANERINNEN, nehmt mich auf. Ich möchte eine von euch werden. Ich dachte, eine der besten Möglichkeiten, dies zu tun, wäre, eine Huldigung der amerikanische Küche zu schreiben, als angehende amerikanische Staatsbürgerin... denn das will ich wirklich werden.

Ich, Susan Powter, in Australien geboren und in den ersten zehn Jahren aufgewachsen, habe während der letzten sechsundzwanzig Jahre meines Lebens als australische Staatsbürgerin in Amerika gelebt und möchte jetzt Amerikanerin werden. Und das erste, was jeder neuen amerikanischen Staatsbürgerin in den Sinn kommt, ist natürlich ein Kochbuch.

Ich möchte das ganze Land zu meiner Feier anläßlich meiner Fast-Staatsbürgerschaft einladen. Wir werden sie sinnvoll gestalten. Sie werden einige der besten fettarmen Rezepte präsentiert bekommen, die Sie jemals probiert haben. Und während wir beim Essen sind, lassen Sie mich über ein paar Dinge sprechen, die wirklich besprochen werden müssen, wenn es um Amerika und unsere Eßgewohnheiten geht.

Ich muß über Fettarmes reden, denn das ist mein Thema. Hatte mal 260 Pfund. Minus 133 Pfund. Von absolut nicht fit und übergewichtig zu superfit und schlank ...

Kurzes, weißblondes Haar.

Fitness-Terroristin.

Das bin ich, Susan Powter. Fettarm und schlanker, sehr wichtig. Ich sehe so aus und fühle mich so, wie Sie aussehen und sich fühlen möchten. Sehr wichtig. Ihre Körperfülle schwindet und Sie werden die Schenkel Ihrer Träume bekommen, das wissen wir. Aber es gibt noch ein paar andere kleine Probleme, über die wir ein wenig reden müssen.

Wir wollen sie die potentiellen ungeladenen Partygäste nennen!

Die unwillkommenen Verwandten!

Die Leute ohne Manieren, die nicht auf die Einladung antworten, aber trotzdem kommen!

Und einer von diesen unwillkommenen Kerlen stört uns mitten in unserer kleinen Feier.

Wissen Sie, wenn wir über amerikanische Eßgewohnheiten reden, müssen Dinge besprochen werden wie …

KRANKHEIT. Ich weiß, ich weiß, das ist etwas, das Sie nicht auf Ihrem Fest haben wollen, aber die Wahrheit ist, daß die Amerikaner weltweit an zweiter Stelle in der Statistik der Herzerkrankungen liegen, und das steht in direktem Zusammenhang mit dem, was wir in unseren Mund stecken.

FETTLEIBIGKEIT. Eine Epidemie in diesem unserem wunderbaren Land. Daß wir dick sind … steht das im Zusammenhang mit der Fettmenge, die wir täglich zu uns nehmen? Ich denke doch! Um eine klare Antwort darauf zu erhalten, müssen Sie sich lediglich fragen: Wird das überschüssige Fett an Ihrem ganzen Körper von Ihrem Körper produziert? Oder erscheint es einfach aus dem Nichts? Laufen Sie herum und das Zeug bleibt wie Kleister an Ihnen kleben?

Nein. Tut mir leid. Es kommt irgendwo her, und wohl am ehesten vom ENDE IHRER GABEL.

Es ist zweifellos etwas unangenehm, wenn Sie an die Statistiken denken und den Ruf, in dem amerikanische Eßgewohnheiten stehen. Glauben Sie mir: Ich bin gerade aus Europa zurückgekommen, und da mußte ich mir immer wieder anhören:

„Ihr seid alle so dick." (Franzosen)

„Amerikaner sind Vielfraße." (Italiener)

„Ihr seid alle sterbenskrank." (Engländer)

„Ihr habt keine Ahnung, was gutes Essen ist. Alles, was ihr kennt, ist denaturiert, konserviert, Fast-food."

„Ihr…", „Ihr…", „Ihr…",

ES REICHT!

Meine Antwort (im französischen Fernsehen):

„Stimmt, wir müssen da etwas in Ordnung bringen, was die Dinge betrifft, die wir so essen. Das wissen wir und wir arbeiten daran. Doch ich will Ihnen etwas sagen. Vielleicht fallen Sie nicht wegen Herzinfarkt tot um wie die Fliegen, aber Sie sterben überall an Lungenkrebs, denn ich habe noch nie im Leben so viele Raucher gesehen wie in den letzten Tagen.

Selbstverursachte Krankheit ist selbstverursachte Krankheit, wie man es auch dreht und wendet. Herzerkrankungen sind ein kardiologisches Problem, aber das ist Atemnot auch. Und Lungenkrebs steht ganz oben auf der Liste der Erkrankungen der Atemwege. Also, Mister Selbstgerecht, was sagen Sie dazu?"

Gewiß, ich habe mein angehendes Vaterland verteidigt ... und gut verteidigt, wie ich hinzufügen darf ... aber wissen Sie was? Unter uns gesagt, Sie, ich und jeder andere Amerikaner auf dem Planeten, so toll schlagen wir uns nicht. Wir haben in der Lebensmittelabteilung ein Stück von unserem Nationalstolz verloren, und es ist, verdammt noch mal, an der Zeit, daß wir es zurückbekommen.

Die amerikanische Küche ist phantastisch. Die alten, beliebten Rezepte müssen etwas entfettet werden, zugegeben, aber, hey, sollen wir uns für unsere Burger und Hot Dogs schämen?

Zum Teufel, nein!

Das Grillen aufgeben?

Zum Teufel, nein!

Aber wir sollten auch nicht bereit sein, die Weltstatistik für tödliche, fettreiche Ernährungsgewohnheiten anzuführen.

Zum Teufel, nein.

Los, sagen Sie es noch einmal …

ZUM TEUFEL, NEIN!

Lassen Sie uns etwas zurückgewinnen von der einstigen Blütezeit der Grillfeste, Erntedankfeste, Familienpicknicks. Wir brauchen uns dazu nur wieder auf die alte amerikanische Erfindungsgabe zu besinnen! Machen wir es uns etwas leichter, nicht, was den Geschmack betrifft, sondern lediglich die Menge an Fett, die durch unsere Arterien fließt (oder auch nicht) und unseren Körper zerstört.

Es ist Zeit und dies ist der Ort. Es gibt genug Gründe, ein Kochbuch zu schreiben. Doch der wichtigste Grund für mich sind Sie.

Sie können nicht genug bekommen – fettarme Ideen, meine ich. Sie haben wenig Ideen, was den Speisezettel der Familie betrifft. Sie wissen einfach nicht mehr, was Sie mit diesem Fleisch-und-Kartoffel-Menschen machen sollen (bei anderen Dingen als den Mahlzeiten kann ich Ihnen aber nicht helfen).

Wer kann denn genug Informationen über Ernährung bekommen? Es gibt immer Mahlzeiten zu planen, Kinder zu versorgen, über Essen nachzudenken, und gerade als Sie glaubten, Sie hätten das mit der fettarmen Ernährung im Griff, stellen Sie fest, daß Ihnen tödlich langweilig wird.

Ihnen hängen Kartoffeln zum Hals raus!!

An Hülsenfrüchte möchten Sie nicht mal denken. Und Körner? Vergessen Sie's. Bloß weg damit.

Ist Ihr Leben ähnlich wie meines? An den meisten Abenden schleichen Sie nach einem schrecklich langen Tag zur Haustür hinein und dann sollen Sie phantasievoll und fettarm kochen? Vergessen Sie's. Ist nicht „irgendwas Gesundes" das letzte, an das Sie denken, wenn Sie um sieben Uhr abends gerade zur Tür hereingekommen sind und die Wäsche, die Schularbeiten der Kinder, die Hausarbeit noch auf Sie warten?

Tatsache ist, daß Sie die meiste Zeit einfach denken, zur Hölle damit, und genau wie wir alle zu dem naheliegendsten, einfachsten, fettreichsten Essen greifen. Es ist die Wahrheit, wenn ich sage, daß wir alle elendig versagen, wenn wir müde, ausgelaugt und hungrig sind, und es darum geht, die perfekte Wahl für unseren Körper zu treffen.

Aber damit ist jetzt ein für allemal Schluß, denn hier ist es: Das Kochbuch, das Sie bespritzen, dessen Seiten Sie knicken, das Sie fotokopieren und Ihrer besten Freundin schenken können.

Es gehört Ihnen.

Es ist verständlich.

Die Rezepte sind leicht anwendbar auf Sie und Ihr Familienleben.

Und sie sind fettarm, fettarm, fettarm. Wenn Sie wollen, daß Ihre Kleidergröße schrumpft und Ihr Leben fettärmer wird, dann sind Sie auf dem richtigen Weg, wo immer Sie das Buch lesen. Das Motto dieses Buches: Gut schmecken muß es. Für die ganze Familie funktionieren muß es. Rasch und unkompliziert muß es sein.

Wir werden essen und unser Essen genießen. Wir kehren zurück zu den guten alten Leibgerichten: Wir singen aus vollem Halse die Nationalhymne, in Rot, Weiß und Blau gehüllt; bekochen Familie und Freunde, gehen mit neuem Stolz zu spontanen Essen, laden wieder Leute ein, fürchten die Feiertage nicht mehr wie die Pest und werden schlanker. Es ist das Grundmotto, nach dem ich jeden Tag lebe: „Wir wollen einfach gutes Essen zubereiten, das toll schmeckt, uns aber nicht dick und krank macht" – und es funktioniert.

Ist es das, was Sie wollen?

Haben Sie danach überall gesucht? Können Sie nicht verstehen, warum Ihnen niemand genau das bieten kann, was Sie brauchen?

OKAY, OKAY...

Sie haben mich überzeugt.

Es ist geschafft.

LET'S EAT!

Suppen und Eintöpfe

Vielseitig. Sättigend.

Oder appetitanregend.

Suppen waren schon unzählige Male meine Rettung. Eine gute Suppe im Kühlschrank ist viel wert, wenn man zu spät dran ist und vergessen hat, daß zu Hause hungrige Leute warten.

Doch diese vielseitige Speise ist ebensogut für Einzelpersonen geeignet. Ich habe eine Freundin, die allein lebt und keine Kinder hat, und einmal in der Woche kocht sie eine Suppe, um sicherzustellen, daß sie etwas ißt – die Arme, sie muß an nichts denken außer an sich selbst, aber anscheinend ist sie nicht imstande, ihr Leben so zu organisieren, daß sie an das Essen nicht mehr denken muß. Man muß essen, um zu leben … einen Teller Suppe und Salat, einen Teller Suppe und Brot, einen Teller Suppe und Reis, einen Teller Suppe und Getreideflocken. (Sie wissen ja, wie diese alleinstehenden jungen Leute sind – ich kann mich gar nicht mehr erinnern, wie das war, als ich noch nicht für drei oder vier Leute kochen mußte, und ich will es auch gar nicht.)

Machen Sie ein paar tolle Suppen, stellen Sie sie in Ihren Kühlschrank und essen Sie sie im Laufe der Woche; dann müssen Sie an eine Sache weniger denken.

Mais-Kartoffel-Eintopf

Mais und Kartoffeln ... kombinieren Sie sie und Sie erhalten eine wohltuende, leichte, sättigende, einfache, aber großartige Suppe für den späten Abend, in zwanglosem oder auch vornehmen Rahmen.

Ein Mais-Kartoffel-Eintopf mit Kräuter-Knoblauch-Brot (siehe S. 125) und einem frischen Salat macht Eindruck auf Familie und Freunde, und man muß keine Meisterköchin sein, um ihn zuzubereiten. Glauben Sie mir, ich habe es geschafft, obwohl ich nicht mal ein T-Shirt für Weihnachten bemalen kann. Diese kleine Suppe wirkt auf Ihr Selbstwertgefühl als Gastgeberin wahre Wunder.

Die Suppe ist durch und durch amerikanisch, denn sie ist ein Restetraum. Stellen Sie sie in den Kühlschrank. Zwei Tage später holen Sie sie wieder heraus und servieren sie mit gegrilltem Käse und frischen Gemüsen. Ein großartiges Mittagessen, in zehn Minuten zubereitet und einfach, einfach, einfach.

Noch ein paar gute Ideen: Geben Sie kroß gebratenen, zerkrümelten Putenschinken, Tomatensauce, einen Klecks Sauerrahm oder Croûtons dazu.

Für 6 Personen

Olivenöl
60 g Zwiebel, gehackt
60 g rote Paprikaschote, gehackt
400 g Tiefkühlmais, aufgetaut
700 ml Gemüsebrühe
1/8 TL Cayennepfeffer
2 mittelgroße Kartoffeln, geschält, gewürfelt und weichgegart
2 EL gehackte Petersilie
1 EL gehackte Frühlingszwiebeln

Einen Topf dünn mit Öl einsprühen oder auspinseln. Zwiebel und Paprikaschote darin garen, bis die Zwiebel sehr weich ist. Zwei Drittel des Mais mit 250 ml Brühe in den Mixer geben und glattpürieren. Wieder zu Zwiebeln und Paprikaschote in den Topf geben. Cayennepfeffer, Kartoffeln sowie restlichen Mais und übrige Brühe zufügen. Die Suppe erhitzen, dann mit Petersilie und Frühlingszwiebel bestreut servieren.

Pro Person etwa 0,28 g Fett; 0,03 g gesättigte Fettsäuren; 120 Kalorien.

Tip: Um den Fettgehalt zu reduzieren, können Sie Raps- oder Sonnenblumenöl in einen Zerstäuber füllen. Achten Sie beim Einkauf darauf, daß die Öle einen möglichst hohen Anteil an ungesättigten Fettsäuren haben. Eine große Auswahl finden Sie in Naturkostläden oder Reformhäusern.

Kartoffelcremesuppe

Lassen Sie sich niemals von jemandem erzählen, daß alles, was fettarm ist, nicht schmeckt. Wenn es doch jemand tut, setzen Sie ihm einen Teller von dieser Kartoffelsuppe vor.

Die Suppe ist so dick und cremig, daß sie mit einem Salat und ein paar tollen kleinen Brötchen ohne weiteres ein Hauptgericht ergibt. Außerdem können Sie mit ihr die Tradition einer guten Suppe vor dem Hauptgericht fortführen. Oder fügen Sie einfach zwei gehackte und sautierte Stangen Porree (nur die weißen Teile) zu, schon haben Sie eine Vichyssoise.

Wir sollten diese Suppe in „vielseitige Kartoffelsuppe" umtaufen, denn wenn Sie eine Handvoll gehackten Spinat zugeben (zuerst die Flüssigkeit herausdrücken) und einen Spritzer Zitrone unterrühren, haben Sie eine Spinatcremesuppe.

Last but not least ist die Suppe die perfekte Grundlage für andere Gemüsesuppen. Geben Sie gehackte und gedämpfte Gemüse dazu und was haben Sie? Klar, Gemüseeintopf!!!

Die verblüffende Kartoffelcremesuppe.

Für 6 Personen

2 große Kartoffeln, geschält und in kleine Stücke geschnitten
700 ml Magermilch
250 ml Gemüsebrühe
1 mittelgroße Zwiebel, feingehackt
1/2 TL Selleriesalz
1 TL Kräutersalz
100 ml cremiger Magermilchjoghurt
2 EL gehackte Petersilie
2 EL gehackte Frühlingszwiebel

In einem Topf Kartoffeln, Milch, Brühe, Zwiebel, Selleriesalz und Kräutersalz vermischen und zum Kochen bringen. Die Hitze reduzieren und den Topfinhalt köcheln lassen, bis die Kartoffeln weich sind. Von der Kochstelle nehmen. Die Hälfte von Kartoffeln und Brühe im Mixer glattpürieren und wieder in den Topf geben. Den Magermilchjoghurt in die heiße Suppe rühren (sie darf nicht mehr kochen). Mit Petersilie und Frühlingszwiebeln bestreut servieren.

Pro Person 0,55 g Fett; 0,18 g gesättigte Fettsäuren; 125 Kalorien.

Tomatencremesuppe

Der traditionellen Wenn-Sie-krank-sind-Hühnersuppe wurde soeben von dieser neuen und besseren Tomatencremesuppe die Schau gestohlen. Sie ist unvergleichlich, wenn Sie sich nicht wohlfühlen und eine gute, wohltuende Suppe brauchen.

Mit frischen Tomaten, Zwiebeln, Möhren, Kartoffeln und milden Gewürzen zubereitet... AAAAHHH, da ist sie gerade richtig, um Ihnen Trost zu spenden, wenn Sie ihn am dringendsten benötigen.

Wollen wir sie in Trostcremesuppe umtaufen.

Für 6 Personen

1 große Zwiebel, in dünne Scheiben geschnitten
1,2 l Gemüsebouillon
60 g Möhren, in kleine Stücke geschnitten
75 g Kartoffeln, in kleine Stücke geschnitten
8 große Fleischtomaten, abgezogen, entkernt und geviertelt
1/2 TL Zucker
1/4 TL weißer Pfeffer
1 Lorbeerblatt
3/4 TL Salz oder Kräutersalz
1/2 TL gehackter Thymian
1 TL gehackte Petersilie
400 ml cremiger Magermilchjoghurt
Salz und Pfeffer nach Geschmack

Die Zwiebel in einem mittelgroßen Topf sautieren. Bouillon, Möhren, Kartoffeln, Tomaten, Gewürze und Kräuter hinzufügen. Die Zutaten zum Kochen bringen, dann die Hitze reduzieren und den Topfinhalt 20 bis 30 Minuten köcheln lassen, bis Möhren und Kartoffeln weich sind. Die Suppe in den Mixer geben und glattpürieren (möglicherweise muß dies portionsweise geschehen). Den Magermilchjoghurt in die Suppe rühren (sie darf nicht mehr kochen). Die Suppe in vorgewärmte Suppentassen füllen und nach Belieben einen Klecks Sauerrahm daraufgeben.

Pro Person 1,7 g Fett; 0,13 g gesättigte Fettsäuren; 140 Kalorien.

Schälerbsensuppe

Dies ist eine Suppe für Sandwiches, eine von diesen großartigen, nach Eisbein schmeckenden Suppen, die perfekt zu einem Sandwich passen.

Natürlich haben wir das Eisbein weggelassen, ohne aber auf den Eisbeingeschmack zu verzichten. (Finden Sie, daß ich das Wort Eisbein in den letzten Sätzen oft genug verwendet habe?) Immer, wenn Ihnen nach einer Suppe ist, ist dies die beste Gelegenheit, eines meiner Lieblingsrezepte zu kochen: die nach Eisbein schmeckende Schälerbsensuppe ohne Eisbein!!!

Für 8 Personen

400 g getrocknete grüne oder gelbe Schälerbsen
2 l Wasser oder Gemüsebrühe
125 g Staudensellerie, feingehackt
1 mittelgroße Zwiebel, feingehackt
1 Lorbeerblatt
2 Stengel Petersilie
1 mittelgroße Möhre, geviertelt
150 g roher Putenschinken

Alle Zutaten in einen Topf geben und zum Kochen bringen. Die Hitze reduzieren und den Topfinhalt 1 Stunde köcheln lassen, bis die Erbsen weich sind. Den Putenschinken herausnehmen und wegwerfen. Einen Becher Erbsen beiseite stellen, die übrige Suppe in den Mixer geben und glattpürieren. Die zurückgestellten Erbsen wieder hineinrühren.

Die Suppe nach Belieben mit einem kleinen Klecks Sauerrahm und Croûtons servieren.

Pro Person 1,6 g Fett; 0,4 g gesättigte Fettsäuren; 200 Kalorien.

Gerstensuppe

Unser Getreide. Bernsteinfarbene Wogen aus Gerste (Amerika liegt im Gersteanbau weltweit auf Platz zwei).

Gerstensuppe ist spitze.

Servieren Sie sie mit warmem Kräuter-Knoblauch-Brot (siehe S. 125), das Sie mit Parmesankäse und Petersilie bestreuen.

Oder mit 400 g in Scheiben geschnittenen, gedünsteten Champignons oder 100 g geraspelter Zucchini oder beidem, um die Suppe dicker und nahrhafter zu machen.

Nichts geht über einen Teller gute Suppe, und diese gehört zu den guten Suppen. Bereiten Sie eine ordentliche Menge zu – sie läßt sich gut einfrieren, und jeder mag sie.

Achtung! Diese Suppe schmeckt einen Tag nach ihrer Zubereitung am besten.

Für 7 Personen

125 g Zwiebel, feingehackt
2 Knoblauchzehen, feingehackt
100 g Gerstenkörner
1 große Dose Tomatenstückchen (840 g)
1,5 l Gemüse-, Hühner- oder Rinderbrühe (siehe Tip, S. 25)
125 g Staudensellerie, feingehackt
125 g Möhren, in 1/2 cm große Würfel geschnitten
1/2 TL Selleriesalz
1 TL Würzmischung mit Knoblauch
1 TL Kräutersalz oder Universal-Würzmischung
1 Würfel klare Brühe
1/8 TL weißer Pfeffer
1 TL getrockneter Thymian
2 EL gehackte Petersilie

Zwiebel und Knoblauch dünsten, bis sie weich sind. Mit den anderen Zutaten, ausgenommen der Petersilie, in einen großen Suppentopf geben. Zum Kochen bringen, dann die Temperatur herunterschalten und den Topfinhalt 45 bis 60 Minuten garen. Mit Petersilie bestreut servieren.
Die Gerstensuppe kann auch mit Rindfleisch zubereitet werden. Dazu 250 g mageres Steakfleisch in 2 cm große Würfel schneiden und anbraten. Das Fleisch aus dem Topf nehmen und Zwiebel und Knoblauch hinzufügen, dann wie oben fortfahren. Das Fleisch mit den anderen Zutaten in den Topf geben.
Pro Person 2,0 g Fett; 0,5 g gesättigte Fettsäuren; 125 Kalorien.

Tip: Die im Handel erhältlichen Gewürzmischungen sind von sehr unterschiedlicher Qualität. Probieren Sie verschiedene aus und entscheiden Sie sich für diejenige, die Ihnen am besten schmeckt.

Hühnersuppe mit Nudeln

Was ist das erste, woran Sie denken, wenn Sie krank werden? Wenn Sie müde und hungrig sind, etwas Trost brauchen? Was kommt Ihnen da als erstes in den Sinn?

Besuchen Sie jemanden, und er braucht einen großen Topf...?

Hühnersuppe mit Nudeln ist bei jedermann beliebt, und jetzt haben Sie das Rezept für die beste, einfachste, selbstgemachte Hühnersuppe, das Sie überhaupt finden können.

Bereiten Sie am besten gleich die doppelte oder dreifache Menge zu, denn die Kinder werden sie verschlingen. Servieren Sie sie jederzeit, überall und mit allem. Es ist Hühnersuppe mit Nudeln!

Was gibt es mehr zu sagen?

Für 10 Personen

Olivenöl
6 Hähnchenbrustfilets
1 mittelgroße Zwiebel, geviertelt
2 Stangen Staudensellerie, halbiert
2 Möhren, geviertelt
1 ganze Tomate (für Farbe und Aroma)
1 Knoblauchzehe
1 Lorbeerblatt
2 Stengel Petersilie
2 TL Kräutersalz
1,2 l entfettete Hühnerbrühe
500 ml Wasser
100 g Fadennudeln, in 5 cm lange Stücke gebrochen

Eine Pfanne dünn mit Öl einsprühen (siehe Tip, S. 17) oder auspinseln und die Hähnchenbrustfilets gut anbraten.
In einen Suppentopf heben und Zwiebel, Staudensellerie, Möhren, Tomate, Knoblauch, Lorbeerblatt, Petersilie und Kräutersalz hinzufügen. Mit Brühe und Wasser bedecken. Zum Kochen bringen. Die Hitze reduzieren und die Zutaten bei geschlossenem Deckel 1 Stunde köcheln lassen. Gemüse und Hähnchenbrust herausnehmen. Fünf Filets in mundgerechte Stücke schneiden und wieder in den Topf geben (das verbleibende Filet für einen anderen Verwendungszweck aufheben). Zwiebel und Möhren in Stücke schneiden und ebenfalls wieder in den Topf geben. Knoblauch, Tomate, Selleriestangen und Petersilie wegwerfen.
Die Nudeln hinzufügen und nach Gebrauchsanweisung garen, bis sie al dente sind.

Pro Person 2 g Fett; 0,5 g gesättigte Fettsäuren; 160 Kalorien.

Tip: Verwenden Sie stets entfettete Brühe. Wenn Sie sie als Fertigprodukt nicht bekommen können, stellen Sie selbstgekochte Brühe in den Kühlschrank und nehmen das erstarrte Fett ab. Kochen Sie gleich die doppelte Menge und frieren Sie den Rest ein!

Suppe nach Art des Südwestens

Diese Suppe ist sehr wandlungsfähig. Sie können beispielsweise noch eine Dose schwarze Bohnen dazugeben, sie mit jeglicher Art von Salat servieren oder einer Scheibe Maisbrot (siehe S. 124) und Chilies, gehackten frischen Koriander oder etwas fettarmen Käse hinzufügen.

Kinder lieben diese Suppe. Das hätte keiner gedacht, aber es ist so.

Und so seltsam es klingen mag: Unsere Testdamen haben diese Suppe zum Frühstück gegessen und fanden das toll! Anscheinend kann man die Suppe den ganzen Tag und die ganze Nacht essen.

Für 8 Personen

2 Knoblauchzehen, gehackt
1 Zwiebel, gehackt
450 g Hähnchenbrustfilet, in 2 cm große Stücke geschnitten
1 große Dose Tomaten
800 ml Hühnerbrühe (siehe Tip, S. 25)
1 Dose ganze Chilies (120 g), gehackt
120 ml milde Taco-Sauce oder Salsa
1 TL Knoblauchpulver
1 TL Zwiebelpulver
1 TL Kräutersalz
1 TL Würzmischung mit Knoblauch
85 g weißer Reis

Zum Garnieren

2 EL Frühlingszwiebeln, gehackt
1 Strauß frischer Koriander, gehackt (sofern erhältlich)
Sauerrahm

Tortilla-Chips

2 Mais-Tortillas
Chilipulver nach Geschmack
Salz und Pfeffer nach Geschmack

Knoblauch und Zwiebel in einem beschichteten Topf 3 Minuten garen, bis sie weich sind. Die restlichen Zutaten zufügen und etwa 15 Minuten garen. Die Suppe mit Frühlingszwiebeln und Koriander bestreut und einem Klecks Sauerrahm servieren. Die Tortillas in je acht Stücke schneiden. Im 180 °C heißen Backofen bräunen, dann umdrehen und mit Chilipulver, Salz und Pfeffer bestreuen. Noch einmal 5 Minuten backen. Zur Suppe servieren.

Pro Person 5,3 g Fett; 1,3 g gesättigte Fettsäuren; 210 Kalorien.

Tip: Tortillas sind nicht überall erhältlich. Versuchen Sie es in Asienläden oder großen Kaufhäusern. Ersatzweise können Sie auch fertige Tortilla-Chips nehmen, die es zum Beispiel in Naturkostläden oder gut sortierten großen Supermärkten gibt. Dadurch erhöht sich allerdings der Fettgehalt!

Salate und Dressings

Schlankmacher mit Charakter

Genug mit simplen „Das ist alles, was wir essen können, weil ich Diät mache"-Salaten aus Kopfsalat und Tomaten von einst. Vergessen Sie die! Wir lassen alle Hemmungen fallen. In diesem Buch findet sich nicht ein einziger Salat, den man langweilig nennen könnte. Wenn er nicht in irgendeiner Weise Charakter haben und gut schmecken würde, hätten wir ihn nicht in dieses Buch aufgenommen.

Nichts Gewöhnliches für Sie, nur Dinge wie Obstsalat mit Kokosnuß, Bunter Krautsalat, Gurkensalat, Vierundzwanzig-Stunden-Salat, Asiatischer Krautsalat, Warmer Sommersalat und so weiter, und so weiter …

Also, vorbei ist's mit grünem Salat, Tomaten und Zitronenschnitzen.

Spinatsalat

GESTERN: Hier geht es um einen Salat, der bisher ein bißchen PR nötig hatte. Man nehme etwas Spinat und Speck und haufenweise Öl, um ein fetttriefendes Spinatsalat-Gelage zu veranstalten … Aber das ist jetzt vorbei.

HEUTE: Es gibt kaum etwas Besseres als frischen Spinat voller Vitamine, Eiweiß und zerkrümelten Putenschinken mit einem süß-sauren Dressing (siehe S. 43). Das ist die fettarme, ganz und gar amerikanische Version des alten fettreichen italienischen Rezepts (oder wo immer es ursprünglich herkam), und sie sticht jeden dieser fettreichen Spinatsalate der Vergangenheit aus.

Für 8 Personen

700 g Spinat, gewaschen und entstielt
4 hartgekochte Eiweiße, in Scheiben geschnitten
160 g Scheiben rohen Putenschinken, kroß gebraten und zerkrümelt
Süß-saures Dressing (siehe S. 43) nach Geschmack

Alle Zutaten vermischen und den Salat sofort servieren.

Pro Person 0,5 g Fett; 0,06 g gesättigte Fettsäuren; 60 Kalorien.

Gurkensalat

Dieser großartige Salat ist erfrischend wie eine kühle Brise, leicht und schmackhaft und zudem schnell und einfach zubereitet.

Für 6 Personen

3 mittelgroße Gurken
1 kleine rote Zwiebel, halbiert und in dünne Scheiben geschnitten
120 bis 180 ml Reisessig (nach Geschmack)
1/8 TL weißer Pfeffer
1 EL Zucker
Salz und frisch gemahlener Pfeffer nach Geschmack

Die Gurken schälen und in sehr dünne Scheiben schneiden. Mit Salz bestreuen und zugedeckt 1 Stunde stehen lassen. Die angesammelte Flüssigkeit abgießen. Die Gurkenscheiben waschen und gut abtropfen lassen. Essig und restliche Zutaten vermischen und über Gurken- und Zwiebelscheiben geben. Mit etwas Sauerrahm, Dill oder Petersilie garniert servieren.

Pro Person 0,2 g Fett; 0,06 g gesättigte Fettsäuren; 30 Kalorien.

Tip: Reisessig ist in Asienläden erhältlich. Kaufen Sie den hellen Reisessig: Er ist milder.

Warmer Sommersalat

Ahhhh … ein erfrischender Salat voller wunderbarer Aromen. Und wenn Sie ihn mit getoastetem Kräuter-Knoblauch-Brot (siehe S. 125) servieren, wird eine richtige Mahlzeit daraus.

Aber er paßt auch gut zu jedem Gericht, das durch einen Salat aufgepeppt werden muß. Und nichts geht über dieses sommerliche Rezept, wenn Sie gerade Heißhunger auf Salat haben.

Für 6 Personen

1 TL Olivenöl
2 Knoblauchzehen, gehackt
1 rote Paprikaschote, entkernt und gewürfelt
220 g Champignons, in Scheiben geschnitten
1 Stengel Brokkoli (etwa 100 g), Stiel geschält und in Scheiben geschnitten, Kopf in kleine Röschen geteilt
1/2 Blumenkohl (etwa 250 g), in kleine Röschen geteilt
60 ml Gemüsebrühe
2 mittelgroße Zucchini, grobgeraspelt
1 Butternut-Kürbis oder anderer gelbfleischiger Kürbis, grobgeraspelt
3 reife Tomaten, in kleine Stücke geschnitten
60 g Mais
2 Frühlingszwiebeln, gehackt
2 EL glattblättrige Petersilie
1 EL frisches Basilikum
2 TL Kräutersalz
1 TL Würzmischung mit Knoblauch
2 EL Zitronensaft

Olivenöl, Knoblauch, Paprikaschote, Pilze, Brokkoli und Blumenkohl in einen großen Topf geben. Bei mittlerer bis starker Hitze 3 bis 5 Minuten garen, bis die Gemüse gerade weich sind. Gemüsebrühe hinzufügen und den Topfinhalt noch einmal 3 Minuten garen. Die restlichen Zutaten dazugeben und bei mittelschwacher Hitze noch 3 Minuten köcheln lassen.

Pro Person 1,4 g Fett; 0,2 g gesättigte Fettsäuren; 80 Kalorien.

Bunter Krautsalat

Wenn er nicht bereits fettarm wäre, könnte dieser Salat allein wegen seiner Farbe einen Preis gewinnen (und der Mais überdeckt den Rotkohl genügend, daß sogar Kinder den Salat essen).

Nehmen Sie diesen Salat mit auf die nächste Hochzeit, zu der Sie eingeladen sind, und bewerfen Sie mit ihm die Braut. Wenn sie erst einmal ein paar Kinder hat und nach einem tollen fettarmen Krautsalat-Rezept sucht, wird sie Ihnen dafür dankbar sein.

Pssst... Servieren Sie ihn zu jedem Sandwich unter der Sonne.

Und er eignet sich als Beilage zu jedem Gericht, das mir einfällt, ebenso für Grillpartys.

Für 6 Personen

200 g Chinakohl, in dünne Streifen geschnitten
100 g Rotkohl, in dünne Streifen geschnitten
1 rote Paprikaschote, entkernt und in dünne Scheiben geschnitten
180 g Mais
1/2 TL Senfpulver
1/2 TL weißer Pfeffer
1/2 TL Selleriesalz
1 EL Zucker
120 ml Reisessig
100 ml Magermilchjoghurt
Salz und frisch gemahlener schwarzer Pfeffer nach Geschmack

Alle Zutaten vermischen und den Salat vor dem Servieren kalt stellen.

Pro Person 0,3 g Fett; 0,04 g ungesättigte Fettsäuren; 60 Kalorien.

Asiatischer Krautsalat mit Nudeln

Kleine Packungen mit Nudelsuppe finden sich in Amerika in jedem Supermarkt. Sie sind typisch amerikanisch und jeder liebt sie.

Dieser erfrischende Salat eignet sich für Grillpartys, ein romantisches Picknick (wann haben Sie so etwas das letzte Mal gemacht) und Kinderfeste. Oder stellen Sie einfach eine große Schüssel in den Kühlschrank, um ihn jederzeit griffbereit zu haben.

Für 6 Personen

1 Packung Asia Nudel-Snack
1/2 mittelgroßer Weißkohl, in feine Streifen geschnitten
4 Frühlingszwiebeln, in dünne Ringe geschnitten

Dressing

60 ml Apfelsaft
1 EL Sojasauce
2 EL Zucker
1 TL zerdrückte frische Ingwerwurzel
1 1/2 EL Reisessig (siehe Tip, S. 31)
1/2 TL Salz
1/4 TL frisch gemahlener schwarzer Pfeffer
2 EL geraspelte Möhren zum Garnieren

Den Nudel-Snack nach Gebrauchsanweisung zubereiten, dann abkühlen lassen. Kohlstreifen und Zwiebelringe vermischen. Das Dressing zufügen und die Zutaten durchheben. Die abgekühlten Nudeln untermischen. Den Salat mit den geraspelten Möhren garniert servieren.

Pro Person 0,5 g Fett; 0,05 g gesättigte Fettsäuren; 70 Kalorien.

Kartoffelsalat

Es gibt kaum etwas Besseres als den guten alten amerikanischen Kartoffelsalat. Aber wenn Sie etwas kroß gebratenen, zerkrümelten Putenschinken zufügen, haben Sie deutschen Kartoffelsalat. Mit etwas Curry wird aus ihm indischer Kartoffelsalat.

Für 6 Personen

1400 g kleine rote Kartoffeln, halbiert
2 Stangen Staudensellerie, in dünne Scheiben geschnitten
1 kleine rote Zwiebel, in dünne Scheiben geschnitten
60 ml Reisessig (siehe Tip, S. 31)
60 ml Joghurt-Salat-Creme
120 ml Magermilchjoghurt
2 EL gehackte Petersilie
1/2 TL Selleriesalz
1/2 TL weißer Pfeffer
Salz und frisch gemahlener schwarzer Pfeffer nach Geschmack

Die Kartoffeln in einem großen Topf mit Wasser bedecken und zum Kochen bringen. Je nach Größe 15 bis 20 Minuten garen, bis sie weich sind. Abtropfen lassen und unter fließendem kaltem Wasser abschrecken. Mit den restlichen Zutaten vermischen. Den Salat vor dem Servieren kalt stellen.

Pro Person 2,4 g Fett; 0,5 g gesättigte Fettsäuren; 200 Kalorien.

Tip: Es gibt verschiedene Joghurt-Salat-Cremes. Achten Sie beim Einkauf auf den Fettgehalt!

Bohnen-Kichererbsen-Salat

Bereiten Sie diesen Salat zu, und stellen Sie ihn in den Kühlschrank. Sie können ihn die ganze Woche essen ... er hält sich ewig. Er ist kühl. Er ist erfrischend. Er ist ein großartiger Salat für heiße Sommertage und ebenso für kalte Abende am Kamin mit jemandem, den Sie lieben. Er ist ein Picknick-Klassiker ... Der Traum aller Feinkosthändler ... Rundum ein großartiger Salat.

Für 6 Personen

500 g frische grüne Bohnen, gegart oder Tiefkühlware, aufgetaut und gegart
1 kleine Dose Kichererbsen, abgetropft und abgespült
1 kleine Dose Kidneybohnen, abgetropft und abgespült
60 g rote Zwiebel, sehr fein gehackt
2 Stengel Petersilie, gehackt
2 Knoblauchzehen, zerdrückt
1 TL Kräutersalz oder Salz
1 TL getrocknetes Basilikum
180 ml Reisessig (siehe Tip, S. 31)

Die grünen Bohnen abtropfen lassen. Mit den restlichen Zutaten in einem Gefäß mit Deckel vermischen. Kalt stellen, zwischendurch das Gefäß ab und zu drehen. Der Salat hält sich im Kühlschrank bis zu einer Woche.

Pro Person 1,2 g Fett; 0,15 g gesättigte Fettsäuren; 180 Kalorien.

Salat von Tomaten und grünen Bohnen

Die Entscheidung liegt bei Ihnen. Sie können es bei einem einfachen, leckeren Salat aus Tomaten und grünen Bohnen belassen, der sich perfekt als vegetarisches Sommergericht eignet und großartig zu Reis oder einer Ofenkartoffel paßt ...

Oder Sie können eine Dose Thunfisch abtropfen lassen, etwas pochiertes Eiweiß hacken, Artischockenherzen hinzufügen, ein Baguette aufschneiden und es sich mit dieser aufgepeppten Version des Salates gut gehen lassen.

So oder so werden Sie ihn lieben.

Für 6 Personen

500 g frische grüne Bohnen, geputzt
2 große reife Tomaten, in dünne Scheiben geschnitten
2 Knoblauchzehen, zerdrückt
2 Frühlingszwiebeln, feingehackt
60 ml Reisessig (siehe Tip, S. 31)
Salz und frisch gemahlener schwarzer Pfeffer
1 TL gehackter frischer Majoran

Die Bohnen in einen Topf mit 3 cm kochendem Wasser geben. Zugedeckt so lange garen, bis sie weich sind, aber noch Biß haben. Abtropfen lassen und unter fließendem kaltem Wasser abschrecken. Mit Tomaten, Knoblauch und Zwiebeln in eine Salatschüssel geben. Essig sowie Salz und Pfeffer hinzufügen und den Salat gut durchheben. Mit dem Majoran bestreuen und vor dem Servieren kalt stellen.

Pro Person 0,32 g Fett; 0,05 g gesättigte Fettsäuren; 45 Kalorien.

Bunter Salat

Dies ist so ein Salat, den man aus dem Kühlschrank holt, um sich mit der ganzen Schüssel auf dem Schoß vor den Fernseher zu setzen und irgendeinen herrlichen Schmachtfetzen anzuschauen.

Ein Bett aus Kopfsalat, Berge aus gehacktem Eiweiß, Tomaten, Frühlingszwiebeln, Avocado (nur ein bißchen), fettarmer Käse, Putenbrust, alles mit einer Kräuter-Vinaigrette (oder jedem beliebigen anderen Dressing aus diesem Kochbuch) ... könnte es ein besseres Essen für einen Fernsehabend geben?

Für 8 Personen

Gemischte Blattsalate, z.B. roter Salat, Römischer Salat und Eissalat (etwa eine 2-l-Schüssel)
200 g im Backofen ohne Fett gebratene Putenbrust, in dünne Streifen geschnitten
300 g Tomaten, in kleine Stücke geschnitten
200 g hartgekochtes Eiweiß, in Scheiben geschnitten
2 EL zerkrümelter Blauschimmelkäse
100 g fettarmer Hartkäse wie Cheddar (30 % Fett), in kleine Stücke geschnitten
60 g Frühlingszwiebeln, feingehackt
2 EL gewürfelte Avocado
100 g roher Putenschinken, kroß gebraten und zerkrümelt

Die zerzupften Salatblätter auf einer großen Servierplatte anrichten. Das Putenfleisch darauf verteilen. An einem Ende die Tomaten aufhäufen, am anderen Ende das Eiweiß. Blauschimmelkäse mit Cheddar vermischen und neben die Tomaten geben, die Frühlingszwiebeln neben das Eiweiß. Avocado und rohen Schinken über das Putenfleisch streuen.
Alternativer Serviervorschlag: Das Putenfleisch in die Mitte des Salats häufen und Avocado und Speck darüberstreuen. Tomaten, Käse, Zwiebeln und Eiweiß in konzentrischen Ringen um das Fleisch anrichten. Dazu cremige Kräuter-Vinaigrette (siehe S. 42) reichen.

Pro Person 4,5 g Fett; 2,0 g gesättigte Fettsäuren; 120 Kalorien.

Obstsalat mit Kokosnuß

Wenn Sie mal Heißhunger auf eine leichte, süße Nachspeise oder Beilage haben, etwas, das sich ebensogut als Beilage zu gegrilltem Fisch wie als Snack für spätabends oder unterwegs im Auto eignet... dann haben Sie Glück. Überdies können Sie mit diesem Obstsalat aus dem Kampf mit Kindern, die kein Obst essen, siegreich hervorgehen.

Und wollen Sie ihn noch feiner anrichten? Dann nehmen Sie eine Wassermelone, entfernen Sie das Fruchtfleisch und füllen Sie Ihren Obstsalat in diese Schüssel der Natur.

Für 8 Personen

1 Dose Ananasstücke im eigenen Saft (560 g), abgetropft
1 Dose Mandarinorangen, abgetropft
80 g kernlose rote Trauben, halbiert
80 g kernlose grüne Trauben, halbiert
1 Granny Smith, geschält und das Kerngehäuse entfernt
Kokosnuß-Aroma nach Belieben
360 ml cremiger Magermilchjoghurt
1 EL Kokosraspeln

Alle Zutaten mit Ausnahme der Kokosraspeln vermischen. Die Kokosraspeln über den Salat streuen.

Pro Person 0,5 g Fett; 0,24 g gesättigte Fettsäuren; 135 Kalorien.

Vierundzwanzig-Stunden-Salat

Kein Grund, mir dankbar zu sein. Wir haben diesen großartigen traditionellen, fettreichen Obstsalat genommen und auf Teufel komm raus entfettet.

Man bereitet ihn einen Tag im voraus zu (deshalb der Name) und stellt ihn bis zum folgenden Tag kalt. Sie werden sehen, wie herrlich diese Mischung aus Trauben, Ananas, Orange, Melone, Kirschen, Blaubeeren, Banane und Nektarine gekühlt schmeckt. Alle lieben diesen Salat, und er sollte auf keinem Picknick fehlen.

Damit Kinder ihn sich zum Essen wünschen, brauchen Sie nur ein paar (wirklich nur ein paar) Marshmallows hineingeben und ihn Nachspeise nennen.

Für 16 Personen

1 Ei, verquirlt
2 Eiweiß, verquirlt
2 EL Zucker
4 EL Orangensaft
2 EL Reisessig (siehe Tip, S. 31)
1 EL kalorienreduzierte Margarine
eine Prise Salz
500 ml cremiger Magermilchjoghurt
160 g helle und dunkle Trauben
250 g Ananas, in Stücke geschnitten oder eine kleine Dose Ananasstücke
1 kleine Orange, in Stücke geschnitten
1/2 Kantalupe oder Honigmelone (etwa 150 g), in Stücke geschnitten
175 g entsteinte Kirschen
80 g Blaubeeren
1 große Banane, in Scheiben geschnitten
1 kleine Nektarine, in Scheiben geschnitten

In einem kleinen Topf Ei, Eiweiß, Zucker, Orangensaft und Essig bei mittelschwacher Hitze rühren, bis die Mischung gerade dick wird. Von der Kochstelle nehmen und Margarine und Salz untermischen.
Abkühlen lassen.
Die erkaltete Mischung unter den Joghurt ziehen.
Früchte in einer großen Schüssel vermischen. Die Ei-Joghurt-Masse darübergießen und den Salat durchheben, bis die Früchte gut mit Dressing überzogen sind. Abgedeckt über Nacht kalt stellen.

Pro Person 1 g Fett; 0,3 g gesättigte Fettsäuren; 90 Kalorien.

Cremige Kräuter-Vinaigrette

Ich könnte kein Kochbuch ohne dieses Rezept schreiben, denn wer kann schon ohne eine gute Kräuter-Vinaigrette Salate machen? Diese enthält alles außer Fett.

Es gibt nur wenige fettarme Kräuter-Dressings, die nicht langweilig sind, doch dieses schmeckt auch ohne die übliche Tasse Öl.

Ein Dressing, das Sie stolz macht … und schlanker.

Es schmeckt wirklich gut, mit nur einem Hauch von Olivenöl und reichlich frischem Basilikum, Essig, Knoblauch und Gewürzen. Sie können es über Ihren Lieblingssalat geben oder als Dip für frische Gurken und Paprikaschoten verwenden. Freuen Sie sich auf einen peppigen, pikanten Kräuter-Vinaigrette-Geschmack ohne all dieses Fett.

Für 2 Personen

80 ml Reisessig (siehe Tip, S. 31)
1/2 TL Olivenöl
2 EL cremiger Magermilchjoghurt
1 Knoblauchzehe, zerdrückt
1/2 TL Kräutersalz
1/2 TL Würzmischung mit Zwiebeln und Kräutern
1 1/2 TL getrocknetes Basilikum oder 6 frische Basilikumblätter
2 EL glattblättrige Petersilie

Alle Zutaten im Mixer vermischen.

Pro Person 1,2 g Fett; 0,15 g gesättigte Fettsäuren; 30 Kalorien.

Süß-saures Dressing

Wie bitte? Sie geben sechs Dinge in den Mixer und erhalten etwas, das so gut schmeckt?

Einfach? Habe ich Ihnen versprochen, daß es einfach ist?

Knoblauch, Honig, Reisessig und Gewürze: LECKER.

Es wird nun nie wieder vorkommen, daß Sie nichts zur Hand haben, um einen Salat (oder irgend etwas anderes) anzumachen.

Für 4 Personen

2 Knoblauchzehen, zerdrückt
1 EL Honig
120 ml Reisessig (siehe Tip, S. 31)
120 ml Reiswein (Mirin)
1 TL Dijonsenf
1 TL Universal-Würzmischung (siehe Tip, S. 23)
Salz und frisch gemahlener schwarzer Pfeffer nach Geschmack

Alle Zutaten im Mixer vermischen. Das Dressing für Spinatsalat (siehe S. 30) verwenden oder auf gedämpfte Gemüse geben.

Pro Person 0,025 g Fett; 0,007 g gesättigte Fettsäuren; 60 Kalorien.

Tip: Reiswein erhalten Sie in Asienläden oder gut sortierten großen Supermärkten.

Dressing „Grüne Göttin“

Wenn Sie Dips mögen – und ich mag sie –, dann versuchen Sie es hiermit: Frischer Knoblauch, Sardellen, Schnittlauch, Zitrone, Petersilie, Joghurt und einfach etwas Pfeffer.

Dieses Dressing eignet sich nicht nur als Dip. Es beantwortet auch die uralte Frage: Was gebe ich auf meine Ofenkartoffel? (Wußten Sie, daß das eine uralte Frage ist?)

Verwenden Sie das Dressing für alles, das etwas zum Eintunken oder Darübergießen benötigt, und sämtliche Salate, die einer cremigen Sauce bedürfen.

Für 8 Personen

1 Knoblauchzehe, zerdrückt
1 EL Sardellenpaste oder 2 Sardellenfilets, abgespült und gehackt
4 EL gehackter Schnittlauch oder Frühlingszwiebeln
2 EL Zitronensaft
2 TL Weißweinessig
360 ml Magermilchjoghurt
4 EL gehackte Petersilie
3 EL Magermilch
1/4 TL frisch gemahlener schwarzer Pfeffer

Alle Zutaten vermischen. Das Dressing in den Kühlschrank stellen.

Pro Person 0,15 g Fett; 0,03 g gesättigte Fettsäuren; 30 Kalorien.0

Knoblauch-Ingwer-Dressing

Dieses Dressing ist nichts für Hasenfüße. Um es zu mögen, muß man kräftige Aromen lieben, so wie ich.

Ideen von der Chefköchin: Bereiten Sie eine größere Menge Dressing zu, geben Sie es über gegrillten Fisch, Hühnerfleisch, gedämpfte Gemüse oder Reis jeglicher Art, und Sie werden verstehen, was ich meine.

Wenn Sie ein Hasenfuß sind, es aber trotzdem probieren wollen, verdünnen Sie es mit etwas Reisessig oder Wasser und verwenden es zum Anmachen von Spinatsalat (siehe S. 30)...

Exotischer Hasenfuß? Dasselbe, aber geben Sie ein paar Mandarinorangen dazu.

Für 4 bis 5 Personen

250 ml Tamari oder helle Sojasauce
4 EL Reisessig (siehe Tip, S. 31)
60 ml Limettensaft
8 kleine bis mittelgroße Knoblauchzehen
2 EL geriebene frische Ingwerwurzel oder
1 TL getrockneter Ingwer
1 1/2 EL Universal-Würzmischung (siehe Tip, S. 23)
1 1/2 TL dunkles Sesamöl
1/4 TL Chiliöl

Alle Zutaten im Mixer vermischen, bis der Knoblauch sehr fein gehackt ist.

Pro Person 0,25 g Fett; 0,03 g gesättigte Fettsäuren; 16 Kalorien.

French Dressing

Ha! Französisch, daß ich nicht lache. Wieso fällt den Franzosen die Ehre für eines von Amerikas Lieblingsrezepten zu? Ich würde sagen, wir fordern sie zurück, und wie könnte das besser geschehen als dadurch, daß wir es besser machen als es jemals war?

Also, hier ist es. Fettarm, köstlich, UNSERES. Für alles als Dip und Sauce geeignet.

Für 4 Personen

60 ml Reisessig (siehe Tip, S. 31)
60 ml Gemüsesaft
2 EL Zitronensaft
3/4 TL Senfpulver
1/2 TL Salz
1/4 TL Paprikapulver
4 EL Magermilchjoghurt
1 TL Zucker
1 Prise Cayennepfeffer

Alle Zutaten vermischen. Das Dressing kalt stellen.

Pro Person 0,25 g Fett; 0,03 g gesättigte Fettsäuren; 25 Kalorien.

Thousand Island Dressing

Das fettreichste Dressing im Land ist nicht mehr. Und wenn dieses Rezept nicht ebensogut wie Ihr bevorzugtes fettreiches Thousand Island Dressing der Vergangenheit mit seinen sechs Gramm Fett schmeckt, dann will ich aus dem Kochbuchgeschäft aussteigen, denn ich lege meine Hand dafür ins Feuer, daß Sie das ganze Dressing über Ihren Burger kippen, Ihre Pommes frites hineintunken und Ihren Lieblingssalat damit anmachen können, ohne je das ganze Fett zu vermissen, das Sie früher mit nur wenig Dressing gegessen haben.

Für 10 Personen
100 ml Magermilchjoghurt
4 EL Joghurt-Salat-Creme (siehe Tip, S. 35)
60 ml Chilisauce
3 hartgekochte Eiweiße, gehackt
2 EL feingehackter Staudensellerie
2 EL feingehackte Zwiebel
1 EL süßes Relish
1/2 TL Salz
1/2 TL Paprikapulver

Alle Zutaten sorgfältig vermischen und das Dressing in den Kühlschrank stellen.

Pro Person 0,2 g Fett; 0,1 g gesättigte Fettsäuren; 40 Kalorien.

Hauptgerichte

Phantasievoll.
Köstlich. Gesund.

Hereinspaziert! Essen Sie mit uns. Es ist ein neuer Tag. Ich meine hier nicht von Sonnenaufgang bis Sonnenuntergang, ich meine all die Millionen Frauen, die nie wieder Diät machen werden. Sie wissen, daß Diäten nicht helfen, denn sie haben nicht geholfen. Sie, ich und Millionen unserer Freundinnen sind jedesmal, nachdem wir abgenommen haben, hinterher wieder dicker geworden, und da wir keine Diät mehr machen werden, müssen wir eben essen. Essen, um unseren Körper zu nähren. Essen, um die Energie und Kraft zu haben, unser Leben zu leben. Essen, um zu leben.

Aber was sollen wir essen?

Ich habe die Antwort ... ESSEN SIE DIES: Hackbraten, Chili-Maisbrot-Pie, Hähnchenbrust in Knoblauchsauce, Zucchini-Käse-Pie und so weiter, und so weiter...

Essen Sie Ihre Lieblingsgerichte. Lassen Sie sich das schmecken, was Sie am meisten mögen. Was trotz Ihres hektischen Terminplans bequem zuzubereiten ist, aber ohne Fett. Wer braucht Fett? SIE KÖNNEN OHNE FETT LEBEN. Na dann. Guten Appetit.

Hähnchenbrust mit Pilzen und Nudeln

Dieses Gericht wurde erfunden, um Eindruck zu machen… auf den Chef, die Beinahe-Schwiegereltern, die neue Flamme, den Club der perfekten Mütter. Sehen Sie, es ist so einfach und läßt sie jedesmal glauben, daß Sie den ganzen Tag in der Küche gestanden haben.

Kosten Sie das aus. Sagen Sie, nachdem Sie die Hähnchenbrust in Wein mariniert, die richtigen Pilze gefunden und die Kräuter hinzugefügt hätten, wäre Ihnen kaum Zeit geblieben, trotzdem sei es Ihnen gelungen, den Rand der Tischdecke, von der Sie essen, fertig zu sticken.

Probieren Sie es, zum Henker. Ihre Gäste werden zu beschäftigt sein, Ihre Hähnchenbrust mit Pilzen und Nudeln zu genießen, um das in Zweifel zu ziehen.

Für 4 Personen

Marinade

80 ml Weißwein
1 TL Zitronensaft
1 TL Basilikum
1/2 TL Oregano
1/2 TL Knoblauchpulver
1/4 TL Salz
eine Prise Pfeffer

90 bis 120 g Hähnchenbrustfilet
1 EL Olivenöl
60 g Zwiebel, gehackt
5 Knoblauchzehen, zerdrückt
100 g Egerlinge, in dünne Streifen geschnitten
1/2 TL Thymian
1 EL Mehl
1/4 TL geriebene Muskatnuß
1 TL Salz
1/4 TL Pfeffer
1 Dose Kondensmagermilch (340 g)
120 ml Hühnerbrühe (siehe Tip, S. 25)
350 g Penne, nach Gebrauchsanweisung gegart
2 EL gehackte Petersilie

Die Zutaten für die Marinade vermischen und die Hähnchenbrust 1 bis 2 Stunden marinieren. Den Backofen auf 180 °C vorheizen.
Die Hähnchenbrust in der Marinade 15 bis 20 Minuten im Backofen garen, bis beim Einstechen mit dem Messer klarer Saft austritt. Das Fleisch herausnehmen, abkühlen lassen und in dünne Streifen schneiden. Die Garflüssigkeit aufbewahren.
Das Öl in einer beschichteten Pfanne erhitzen. Zwiebel und Knoblauch sautieren, bis sie weich sind. Die Pilze hinzufügen und 3 bis 4 Minuten garen, bis keine Flüssigkeit mehr vorhanden ist. Das Mehl hinzufügen und einige Sekunden anschwitzen. Garflüssigkeit vom Fleisch, Thymian, Muskatnuß, Salz, Pfeffer und Milch hinzufügen und rühren, bis alles gut erhitzt ist.
Die Hühnerbrühe dazugeben und abschmecken. Die Hähnchenfiletstreifen hinzufügen und erhitzen.
Fleisch und Sauce auf den gegarten Nudeln anrichten und mit gehackter Petersilie bestreut servieren.

Pro Person 6,0 g Fett; 1,1 g gesättigte Fettsäuren; 480 Kalorien.

Hähnchenbrust mit Dijonsenf-Curry-Sauce

Sie fragen sich, ob ich verrückt geworden bin, oder? Ein amerikanisches Kochbuch und ein Rezept für Hähnchenbrust mit Dijonsenf-Curry-Sauce?

Nun, ich will Ihnen sagen, daß ich überall, wo ich nachschaue, irgendein Currygericht finde. Ich denke: Curry aus Indien? Hat aber rein gar nichts zu tun mit dem weiten Himmel, bernsteinfarbenen Wogen aus Getreide, purpurnen Berggiganten oder obstbestandenen Ebenen. Doch offenbar mögen Amerikaner Currygerichte, auch wenn ich nie einem Amerikaner begegnet bin, der mich zu einem eingeladen hat.

Gut, Senf ist klar. Man denke nur an Hot Dogs. Ich habe für dieses Gericht der neunziger Jahre eben Dijonsenf verwendet und ihn mit etwas Curry kombiniert. Es schmeckt großartig, ist einfach, macht Eindruck und ist etwas, das man mit allem servieren kann. Am besten ist es jedoch einfach: auf Reis, Nudeln oder einer Ofenkartoffel.

Für 4 Personen

1 EL Pflanzenöl
4 Hähnchenbrustfilets (je 120 g schwer)
125 g Zwiebeln, gehackt
2 Knoblauchzehen, zerdrückt
120 ml Hühnerbrühe (siehe Tip, S. 25)
1 TL Currypulver
2 EL Dijonsenf
120 ml Aprikosenmarmelade
120 ml cremiger Magermilchjoghurt
Salz und Pfeffer nach Geschmack

Das Öl bei mittelhoher Temperatur in einer beschichteten Pfanne erhitzen und die Hähnchenbrust auf jeder Seite 3 bis 5 Minuten braten, bis sie gebräunt ist. Aus der Pfanne nehmen und beiseite stellen.

Die Hitze reduzieren. In der gleichen Pfanne Zwiebel und Knoblauch sautieren, bis sie weich sind. Nötigenfalls 1 bis 2 Eßlöffel Hühnerbrühe zufügen. Currypulver, Senf, Aprikosenmarmelade und restliche Brühe dazugeben und 10 Minuten garen. Das Fleisch mit Flüssigkeit wieder in die Pfanne geben und noch einmal 8 bis 10 Minuten garen, bis beim Einstechen mit einem Messer klarer Saft austritt. Joghurt (zimmerwarm, damit er nicht ausflockt), Salz und Pfeffer dazugeben und vorsichtig erhitzen (nicht kochen!). Auf Reis servieren.

Pro Person 5,2 g Fett; 0,7 g gesättigte Fettsäuren; 300 Kalorien.

Hähnchenbrust in Tomatensauce

Stellen Sie sich ein Gericht vor, das schmeckt und sehr rasch und einfach zubereitet ist. Stellen Sie sich nichts Knuspriges oder Gebratenes vor, denn es ist nicht gebraten (das habe ich für Sie auf S. 55). Es ist im Backofen gegrillt. Und stellen Sie es sich zweimal vor, denn es ist eines der besten Restegerichte, die Sie jemals gegessen haben.

Für 8 Personen

Sauce

250 ml Tomatensaft
80 ml Apfelessig
1 1/2 TL Salz
1/2 TL Tabascosauce
1 EL Dijonsenf
2 EL Zitronensaft
2 EL brauner Zucker
2 EL Worcestershire-Sauce
120 ml Ketchup
1 große Zwiebel, in Scheiben geschnitten (etwa 250 g)
6 große Knoblauchzehen, zerdrückt
2 große Lorbeerblätter
8 enthäutete Hähnchenbrüste, jeweils 120 g schwer

Den Backofen auf 150 °C vorheizen.
In einer Schüssel alle Zutaten für die Sauce vermischen.
In einer ofenfesten Form, in der die Hähnchenbrüste nebeneinander Platz haben, Zwiebel, Knoblauch und Lorbeerblätter verteilen. Die Hähnchenbrust darauflegen und großzügig mit Sauce beschöpfen. Im Backofen 45 bis 60 Minuten braten, bis beim Einstechen mit dem Messer klarer Saft austritt. Falls die Sauce etwas dicker sein soll, die Hähnchenbrust auf eine Platte heben und warm stellen. Die Sauce unter den Grill setzen, bis sie blubbert und die Zwiebel goldbraun wird.
Die Sauce über das Huhn gießen und guten Appetit!

Pro Person 1,6 g Fett; 0,4 g gesättigte Fettsäuren; 180 Kalorien.

Im Backofen gebratenes Huhn

Was man alles mit einem Hühnerschenkel machen kann: Stolpern Sie zum Kühlschrank, holen Sie einen Schenkel heraus und essen Sie ihn. Geben Sie etwas Tomatensauce auf einen kalten Schenkel und essen Sie ihn. Lösen Sie das Fleisch vom Knochen, geben Sie es mit etwas Ketchup zwischen zwei Scheiben Brot und essen Sie es.

Nachdem Sie aufgewacht sind und sich etwas zivilisierter fühlen: Schneiden Sie das Fleisch in Stücke und bereiten Sie einen fettarmen Hühnersalat zu.

Burritos? Natürlich.

Alles, was mit einem Picknick zu tun hat.

Braten Sie einen Schenkel in einer beschichteten Pfanne und Sie haben eine Füllung für ein Omelett.

Für 8 Personen

250 g Semmelbrösel
1 TL Kräutersalz oder Universal-Würzmischung (siehe Tip, S. 23)
1 TL Würzmischung mit Zwiebeln und Kräutern
1 TL Knoblauchpulver
1/4 TL weißer Pfeffer
1/2 TL Selleriesalz
2 Eiweiß, verquirlt
250 ml cremiger Magermilchjoghurt
1400 g enthäutete und parierte Hühnerteile (Schenkel und Brust)
250 g Mehl
Öl

Den Backofen auf 220 °C vorheizen.
Die Semmelbrösel mit den Gewürzen vermischen. Das Eiweiß mit dem Joghurt verrühren.
Die Hühnerteile sorgfältig panieren: Erst im Mehl wenden, dann in der Eiweiß-Joghurt-Mischung und anschließend in den Semmelbröseln. Die Hühnerteile in eine flache ofenfeste Form legen und dünn mit Öl besprühen (siehe Tip, S. 17).
35 bis 40 Minuten backen, bis sie knusprig sind.

Pro Person 8,6 g Fett; 2,3 g gesättigte Fettsäuren; 365 Kalorien.

Paprika-Huhn

Ich weiß, was Sie denken: Paprika ... wie ordinär.

Wer weiß überhaupt, was man mit diesem Gewürz machen kann? Man hört davon, aber haben Sie es jemals wirklich verwendet? Vielleicht geben Sie einmal im Jahr etwas Paprika in eine Suppe.

Mit diesem Gericht ändert sich das. Und es paßt zu allem ... Nudeln, Reis, gedämpften frischen Gemüsen. Oder verwenden Sie es zusammen mit in Streifen geschnittener roter Paprikaschote, Kopfsalat, Gurke und etwas Salatcreme für ein Hühnerfleisch-Sandwich.

Für 6 Personen

6 große Hähnchenbrustfilets
1 EL ungarischer Paprika
1/2 TL Salz
1/4 TL weißer Pfeffer
1/2 TL Knoblauchpulver
360 ml entfettete Hühnerbrühe (siehe Tip, S. 25)
150 ml saure Sahne
800 g Schmetterlingsnudeln (Farfalle)
2 EL gehackte Petersilie

In einer beschichteten Pfanne die Hähnchenbrustfilets bei starker Hitze auf jeder Seite etwa 2 Minuten bräunen, dann herausnehmen. Die Gewürze in die Pfanne geben und 1 Minute durchrühren. Die Hühnerbrühe hinzufügen und 5 Minuten einkochen lassen. Auf schwache Hitze herunterschalten und die saure Sahne zufügen. Die Hähnchenbrustfilets wieder in die Pfanne geben und zugedeckt 3 Minuten köcheln lassen, bis sie durch sind. Auf einem Bett aus Schmetterlingsnudeln anrichten und mit Petersilie bestreut servieren.

Pro Person 4,5 g Fett; 2,3 g gesättigte Fettsäuren; 180 Kalorien.

Hühnerschenkel „Buffalo"

Dies ist die Beinversion des alten Flügelrezeptes. Aber aus irgendeinem Grund wurde dieses Gericht nach einem völlig anderen Tier benannt, das sich in jeder Hinsicht unterscheidet. Fragen Sie mich nicht, warum.

Für den Fall, daß Sie nie ein Buffalo-Irgendwas gespachtelt haben, lassen Sie sich warnen: Diese Schenkel sind lecker, scharf und traumhaft (so ähnlich wie meine).

Dippen Sie sie in Ihr fettarmes Lieblingsdressing.

Essen Sie sie als Vorspeise oder nächtlichen Imbiß.

Und genießen Sie sie.

Für 6 Personen

100 ml Tabascosauce
2 EL Reisessig (siehe Tip, S. 31)
120 ml Hühnerbrühe (siehe Tip, S. 25)
2 EL Zwiebel-Butter-Aroma
20 Hühnerschenkel, enthäutet
Öl

Den Backofen auf 220 °C vorheizen. Tabascosauce, Essig, Brühe und Butteraroma vermischen und bei schwacher Hitze etwa 10 Minuten durchrühren. Von der Kochstelle nehmen.
Die Hühnerschenkel auf ein eingesprühtes oder sehr dünn mit Öl bepinseltes Backblech legen, dann für etwa 25 Minuten in den Backofen schieben, bis sie gebräunt sind. Die Sauce darübergießen und die Schenkel noch einmal 10 Minuten garen. Mit Frühlingszwiebeln, Selleriestangen, Möhrenstiften und leichtem Dressing servieren.

Pro Person 12,65 g Fett; 3,35 g gesättigte Fettsäuren; 400 Kalorien.

Hühner-Frikassee

Dies ist eigentlich ein französisches Gericht, das viel Fett enthält, doch wir haben den Fettanteil stark reduziert. Es eignet sich gut als feines Abendessen oder Sonntagsessen. Servieren Sie es mit Nudeln oder Klößen. Oder auf Wildreis – immer noch einfach, aber mit einer edlen Note.

Wenn Sie wirklich vornehm sein wollen, wie wäre es damit: Frikassee auf Wildreis mit gedämpftem frischem Spargel, danach Schokoladen-Orangen-Kuchen (siehe S. 177) mit Schokoladensauce (siehe S. 188).

Für 8 Personen

Öl
12 enthäutete Hühnerteile
500 g Champignons, in Scheiben geschnitten
1 mittelgroße Zwiebel, in Scheiben geschnitten
1 EL zerdrückter Knoblauch
120 ml Weißwein (nach Belieben)
1 l Hühnerbrühe (siehe Tip, S. 25)
4 EL Maisstärke
1/2 TL Selleriesalz
1/4 TL weißer Pfeffer
1/2 TL Majoran
1/2 TL Thymian
300 ml cremiger Magermilchjoghurt
3 EL gehackte frische Petersilie

Die Hühnerteile bei starker Hitze in einem mit Öl eingesprühten (siehe Tip, S. 17) oder dünn mit Öl ausgepinselten tiefen Sautiertopf anbraten. Auf eine Platte heben.
Pilze, Zwiebel und Knoblauch in den Topf geben und mindestens 3 Minuten garen, bis sie weich sind. Sofern Weißwein verwendet wird, diesen jetzt zufügen und bei starker Hitze 1 Minute kochen. 750 ml Hühnerbrühe dazugeben und zum Kochen bringen. Die Temperatur so weit herunterschalten, daß der Topfinhalt noch köchelt. Die Maisstärke mit der restlichen Brühe sorgfältig vermischen. In den Topf geben und rühren, bis die Sauce leicht eingedickt ist. Die Hühnerteile wieder in den Topf geben und etwa 15 Minuten garen, bis sie durch sind. Den Topf von der Kochstelle nehmen. Gewürze und Joghurt hineinrühren.
Mit Frühlingszwiebel-Klößchen (siehe S. 94) und Petersilie bestreut servieren.
Pro Person 5,1 g Fett; 1,35 g gesättigte Fettsäuren; 215 Kalorien.

Falls die Hühnerteile zusammen mit Frühlingszwiebel-Klößchen im gleichen Topf zubereitet werden, die Maisstärke weglassen und nötigenfalls Wasser zufügen, falls die Sauce zu dick wird.

Hähnchenbrust nach mediterraner Art

„Mediterran"? Klar, von der mediterranen Küste Floridas.

Hähnchenbrust in einer leichten Sauce mit Champignons, Zucchini, roter Paprikaschote und Zwiebeln gegart: Was glauben Sie, wie herrlich das schmeckt? Zarte Aromen für ein schönes, leichtes Abendessen, auf weißem oder braunem Reis serviert … genau das, was Ihre Brust braucht (Hähnchenbrust, natürlich).

Für 6 Personen

1 mittelgroße Zwiebel, feingehackt
2 Knoblauchzehen, in Scheiben geschnitten
6 Hähnchenbrustfilets
360 ml Hühnerbrühe (siehe Tip, S. 25)
3 EL Reisessig (siehe Tip, S. 31)
120 g Champignons, in Scheiben geschnitten
2 kleine Zucchini, in 5 mm große Würfel geschnitten
1 rote oder grüne Paprikaschote, in dünne Streifen geschnitten
2 TL Würzmischung mit Knoblauch
Salz nach Geschmack
2 EL gehackte Petersilie

Zwiebel und Knoblauch in einer Pfanne anschwitzen, bis sie glasig sind. Die Gemüse hinzufügen und etwa 2 Minuten garen (sie sollten noch knackig sein). Aus der Pfanne nehmen. Die Hähnchenbrust hineinlegen und bei starker Hitze auf beiden Seiten anbraten. Brühe und Essig hinzufügen. Bei hoher Temperatur etwa 2 Minuten garen, dabei den Bodensatz abschaben. Gemüse und Gewürzmischung dazugeben. Etwa 3 Minuten garen, bis das Fleisch durch ist. Auf braunem Reis oder Nudeln servieren. Nach Geschmack salzen. Mit Petersilie bestreut servieren.

Pro Person 3,3 g Fett; 0,9 g gesättigte Fettsäuren; 200 Kalorien.

Hähnchenbrust tropisch

Direkt aus Hawaii von Susan Powter auf das Festland gebracht. Leicht. Süß. Von allen meinen Testpersonen mit vier Sternen ausgezeichnet.

Gute Ideen: Wärmen Sie dieses Gericht (ein wahrer Restetraum) auf, fügen Sie ein paar Rosinen hinzu, und füllen Sie es in ein warmes Stück Pita-Brot – schon haben Sie ein Insel-Burrito.

Leisten Sie sich noch etwas Pfirsich-Chutney, und Sie haben ein Insel-Burrito nach indischer Art.

Doch was Sie auch machen, Sie erhalten ein hübsches Eintopfgericht, das sich rasch und einfach zubereiten läßt.

Für 6 Personen
Öl
6 Hähnchenbrustfilets
280 g weißer Langkornreis
4 Knoblauchzehen, zerdrückt
250 ml entfettete Hühnerbrühe (siehe Tip, S. 25)
250 ml Orangensaft
2 TL Ingwerpulver
2 EL Ketchup
2 EL Honig
3 EL Reisessig (siehe Tip, S. 31)
1 EL helle Sojasauce oder Tamari
1 Dose Ananasstücke im eigenen Saft (560 g), abgetropft; 250 ml Saft aufbewahren
Frühlingszwiebeln zum Garnieren

Eine tiefe Pfanne einsprühen (siehe Tip, S. 17) oder dünn mit Öl auspinseln und die Hähnchenbrust bei starker Hitze auf jeder Seite etwa 3 Minuten bräunen. Auf einen Teller heben und beiseite stellen. Reis und Knoblauch in den Topf geben und garen, bis der Reis glasig ist. Das Hühnerfleisch auf den Reis legen und alle anderen Zutaten einschließlich Ananassaft dazugeben. Den Topfinhalt zum Kochen bringen, dann die Hitze reduzieren. Zugedeckt etwa 30 Minuten köcheln lassen, bis der Reis weich ist. Mit Frühlingszwiebeln bestreut servieren.

Pro Person 3,5 g Fett; 0,1 g gesättigte Fettsäuren; 425 Kalorien.

Hähnchenbrust à la King

Wir haben einen König. THE KING. Hähnchenbrust à la Elvis...

Lassen Sie uns dieses Gericht einfach umtaufen. Ob es amerikanisch ist oder nicht, wir müssen es einfach aufnehmen, da es so großartig schmeckt. Dieses Rezept hat außerdem 15 Gramm weniger Fett als Amerikas populärstes Grundrezept von Hähnchenbrust à la King. (Was ist übrigens das Grundrezept?)

Es ist empfehlenswert, wenn Ihnen der Sinn nach etwas steht, das nicht zu würzig und doch sättigend ist.

Reste können Sie am nächsten Tag auf Toast mit einem Salat und Salzgebäck essen.

Für 2 Personen

4 EL Mehl
360 ml entfettete Hühnerbrühe (siehe Tip, S. 25)
120 g gegarte Hähnchenbrust, gewürfelt
200 g Champignons, gedünstet
150 g rote Paprikaschote, gedünstet
1 TL Kräutersalz
1 TL trockener Sherry (nach Belieben)
1 EL gehackte Petersilie

Das Mehl in einer dünn mit Öl ausgepinselten Pfanne anschwitzen, bis es hell goldbraun ist. Die Brühe mit einem Schneebesen hineinrühren. Hühnerfleisch, Pilze, Paprikaschote, Kräutersalz und Sherry hinzufügen und die Zutaten erhitzen. Auf einem Bett aus Nudeln oder Reis anrichten und mit Petersilie bestreut servieren.

Pro Person 1,9 g Fett; 0,5 g gesättigte Fettsäuren; 170 Kalorien.

Hähnchenbrust in Knoblauchsauce

Wenn Sie nicht wirklich auf Knoblauch stehen, kümmern Sie sich nicht um dieses Rezept. Vergessen Sie es und blättern Sie weiter, denn es geht hier um KNOBLAUCH, und zwar knollenweise. Diese Hähnchenbrust hat gar keine andere Wahl, als nach Knoblauch zu schmecken.

Wenn es Ihnen völlig egal ist, wie Ihr Atem in den nächsten ein oder zwei Monaten riecht, probieren Sie das Gericht auf Konfettireis (siehe S. 115). Seine gelben, grünen und roten Tupfen lassen ein wunderhübsches Gericht für Knoblauchesser in aller Welt entstehen.

Für 6 Personen
6 Hähnchenbrustfilets
3 EL Reisessig (siehe Tip, S. 31)
360 ml entfettete Hühnerbrühe (siehe Tip, S. 25)
175 g ganze abgezogene Knoblauchzehen
1 TL Universal-Würzmischung (siehe Tip, S. 23)
2 EL sehr fein gehackte Petersilie

Den Backofen auf 200 °C vorheizen.
Die Hähnchenbrust in einer beschichteten Pfanne bräunen. Das Fleisch herausnehmen, dann Reisessig und Hühnerbrühe in die Pfanne geben und bei starker Hitze 2 Minuten kochen.
Die Knoblauchzehen in eine flache ofenfeste Form (30 x 30 cm groß) geben. Die Hähnchenbrust darauflegen und die Sauce darübergießen. Mit der Gewürzmischung bestreuen. Die Form für 30 Minuten in den Backofen schieben. Dann die Hähnchenbrust in einer Servierschüssel auf erkaltetem Konfetti-Reis anrichten. Den Knoblauch zerdrücken, dann die Sauce über das Fleisch gießen. Die Petersilie darüberstreuen.
Pro Person 3,0 g Fett; 0,8 g gesättigte Fettsäuren; 170 Kalorien.

Sesam-Ingwer-Huhn mit Reis

Dieses Gericht muß man zubereiten und essen – nicht in den Kühlschrank stellen und am folgenden Tag verspeisen, denn es schmeckt am besten frisch. Und da es so einfach ist, wird das kein Problem sein.

Wenn Sie Ihre grünen Freunde beeindrucken wollen, nehmen Sie braunen statt weißen Reis. Sehr einfach und Sie sind sofort sehr, sehr in.

Für 6 Personen

6 Hähnchenbrustfilets
120 ml Orangensaft
3 EL Tamari oder helle Sojasauce
6 EL Reisessig (siehe Tip, S. 31)
3 EL Honig
1 TL dunkles Sesamöl (ja, das macht einen Unterschied)
1/2 TL Ingwerpulver
1/4 TL zerstoßene getrocknete rote Chilies
1 EL Sesam
1 Dose Mandarinorangen im eigenen Saft oder leicht gezuckert, abgetropft; Saft aufbewahren
1 rote Paprikaschote, in dünne Streifen geschnitten
60 g Staudensellerie, feingehackt
60 g Frühlingszwiebeln, feingehackt
1 Dose Wasserkastanien (240 g), abgetropft und in Scheiben geschnitten
200 g Zuckerschoten oder Tiefkühl-Erbsen
250 g Chinakohl, in Streifen geschnitten
800 g gegarter weißer Reis

Eine große beschichtete Pfanne dünn mit Raps- oder Sonnenblumenöl auspinseln und die Hähnchenbrust bei starker Hitze auf jeder Seite etwa 4 Minuten bräunen. Herausnehmen und in gut 1 cm dicke Streifen schneiden.

Orangensaft, Tamari, Essig, Honig, Sesamöl, Ingwer und Paprikaschote in die Pfanne geben und bei hoher Temperatur etwa 2 Minuten garen.

Die Hähnchenbrust wieder in die Pfanne geben und noch einmal 2 Minuten braten, bis sie gut durch ist. Gemüse mit Ausnahme des Chinakohls unter das Fleisch mischen. Den Kohl auf einer Platte anrichten, den Reis daraufhäufen und Fleisch und Gemüse darüberschöpfen.

Pro Person 7 g Fett; 1,5 g gesättigte Fettsäuren; 480 Kalorien.

Pfeffer-Huhn

Ganz schön edel, meinen Sie nicht ? Hähnchenbrust mit frisch gemahlenem Pfeffer in einer zarten Sauce mit etwas Weißwein zur Vollkommenheit gebracht... lecker, lecker, ohne irgendwelche Mühe.

Noch edler ist es, wenn Sie etwas Konfettireis (siehe S. 115) und Spinatsalat (siehe S. 30) dazureichen. Wenn Ihnen dieses Gericht keinen Ruhm einbringt, muß es an Ihnen liegen.

Vielleicht sollte ich es servieren, wenn ich den Richter oder die Richterin mit seiner/ihrer Familie zum Abendessen habe, und es um meinen Antrag auf Einbürgerung geht. Zu viel des Guten? Das Beste ist gerade gut genug!

Für 4 Personen
1/2 TL Salz
1 TL zerstoßene Pfefferkörner
1 TL Würzmischung mit Zwiebeln und Kräutern
4 Hähnchenbrustfilets
Öl
80 ml Weißwein
120 ml entfettete Hühnerbrühe (siehe Tip, S. 25)
120 ml cremiger Magermilchjoghurt

Salz, Pfeffer und Würzmischung vermischen. Die Mischung auf beide Seiten der Hähnchenbrustfilets streuen und andrücken.
Das Fleisch in einer dünn mit Öl ausgepinselten beschichteten Pfanne bei mittelstarker Hitze bräunen. Wein und Hühnerbrühe hinzufügen und um die Hälfte einkochen lassen, dabei darauf achten, daß das Fleisch gart. Die Hähnchenbrust auf einen Teller heben. Den Magermilchjoghurt in die Sauce rühren (sie darf nicht mehr kochen). Die Sauce über das Fleisch gießen.

Pro Person 1,5 g Fett; 0,4 g gesättigte Fettsäuren; 165 Kalorien.

Truthahn-Sandwich

Fettarmer Truthahn und Käse mit reichlich Champignons und Zwiebel gegrillt und auf einem Brötchen serviert. Herzhaft, warm und sättigend ... wer wird ahnen, daß das fettarm ist?

Servieren Sie das den Rindfleischessern in Ihrem Leben und verwöhnen Sie sie.

Achtung: Die Dinger sind groß und ferkelig.

Für 2 Personen

Öl
1 rote Zwiebel, in dünne Scheiben geschnitten
180 g Champignons, in dünne Scheiben geschnitten
60 ml Hühnerbrühe (siehe Tip, S. 25)
150 g ohne Fett im Backofen gebratene Putenbrust, in dünne Scheiben geschnitten
2 Brötchen, aufgeschnitten
4 fettarme Scheibletten

Eine Sautierpfanne einsprühen oder dünn mit Öl auspinseln und die Zwiebel bei mittelhoher Temperatur darin bräunen. Champignons hinzufügen. Die Pfanne mit der Hälfte der Hühnerbrühe ablöschen. Zwiebel und Pilze herausnehmen und beiseite stellen. In der gleichen Pfanne das Fleisch braten, bis es durch ist. Die restliche Hühnerbrühe dazugeben.

Das Fleisch auf die beiden Brötchen verteilen, Zwiebeln und Pilze daraufgeben und den Käse darauflegen. Unter den Grill setzen, bis der Käse geschmolzen ist. Mit Dijonsenf und einem Klecks Salatcreme servieren.

Pro Person 7,5 g Fett; 3,6 g gesättigte Fettsäuren; 330 Kalorien.

Puten-Piccata

Köstlich, ohne Mühe. Edel, aber schlicht. Großartig auf Reis.

Laden Sie alle ein, und servieren Sie ihnen etwas, das sie ins Schwärmen geraten läßt, welch großartige Köchin Sie sind. Was Sie aus Pute gemacht haben! Wie gesundheitsbewußt Sie sind! Über Sie! Sie! Sie! Sie und Ihre Puten-Piccata!

Für 4 Personen

Öl
4 Scheiben Putenbrust, etwa 6 mm dick
60 ml Zitronensaft
60 ml Weißwein
120 ml Hühnerbrühe (siehe Tip, S. 25)
2 EL Kapern
1/2 TL Pfeffer
Salz nach Geschmack
1 EL feingehackte Petersilie

Eine beschichtete Pfanne einsprühen (siehe Tip, S. 17) oder dünn mit Öl auspinseln und erhitzen. Die Putenfleischschnittchen hineinlegen und auf beiden Seiten bräunen. Auf einen Teller heben. Zitronensaft, Wein, Brühe und Kapern in die Pfanne geben und bei mittlerer Hitze einige Minuten garen. Die Sauce über das Putenfleisch gießen und mit Pfeffer, Salz und Petersilie bestreut servieren. Dazu Reis reichen.

Pro Person 1,7 g Fett; 0,4 g gesättigte Fettsäuren; 145 Kalorien.

Chili-Maisbrot-Pie

Sie könnten Ihre Chili-Pie schwerlich noch schmackhafter machen, dagegen aber gesünder, indem Sie einfach Mehl verwenden, das in einer Mühle mit Steinmahlwerk gemahlen wurde. Es ist körniger und nahrhafter. Es macht den Teig knuspriger und das Essen vollwertiger.

Ein großartiges Frühstück. Dies ist eines jener Gerichte, die am nächsten Tag noch besser schmecken. Wenn Sie die Chili-Maisbrot-Pie zum Frühstück essen wollen, haben Sie verschiedene Möglichkeiten. Wie wäre es damit: Eiweißomelett mit Chili-Maisbrot-Pie als Beilage. Oder Sie fügen etwas Tomatensauce hinzu (mein prämenstrualer Traum). Wie klingt das? Lesen Sie die Zeitung, lieben Sie sich mit jemandem, den Sie lieben, und frühstücken Sie Chili-Maisbrot-Pie. Wenn das nicht der perfekte Sonntagmorgen ist …

Noch nie hat jemand so etwas mit einer einfachen Chili-Pie getan!

Für 8 Personen

450 g Putenbrust, durchgedreht
125 g Zwiebel, gehackt
60 g rote Paprikaschote, in kleine Stücke geschnitten
2 Knoblauchzehen, feingehackt
1 Dose schwarze Bohnen (450 g), abgetropft und abgespült
1 Dose Tomatensauce (450 g)
1 große Dose Tomatenstückchen (840 g)
100 g konservierte ganze grüne Chilies, grobgehackt
4 EL Chiligewürz
2 EL Chilipulver
1 TL Kreuzkümmel
1 EL Zwiebelpulver
1/2 TL Knoblauchpulver
1/2 TL Salz
Maisbrotteig (siehe S. 124)

Den Backofen auf 200 °C vorheizen. Das Putenfleisch in einer beschichteten Pfanne bräunen. Zwiebel und Paprika zufügen und garen, bis sie weich sind. Alles gut abtropfen lassen und in einen Suppentopf geben. Die restlichen Zutaten zufügen und zum Kochen bringen, dann in eine große ofenfeste Form füllen. Die Chilimischung mit dem Maisbrotteig bedecken und bei 200 °C backen, bis der Teig gebräunt ist. Mit Joghurt-Koriandersauce servieren (siehe S. 146).

Pro Person 1,5 g Fett; 0,5 g gesättigte Fettsäuren; 140 Kalorien.

Tip: Schwarze Bohnen in der Dose bekommen Sie zum Beispiel in Asienläden.

Amerikanische Fleischbällchen

Was ist mit Fleischbällchen nicht möglich? Machen Sie große Bällchen für einen Teller Spaghetti. Machen Sie kleine Bällchen, spießen Sie sie auf einen Zahnstocher und Sie haben die perfekte Vorspeise. Übriggebliebene Fleischbällchen in einem Brötchen mit Tomatensauce und Parmesankäse ... was könnte besser sein? Fleischbällchen mit Champignon-Zwiebel-Sauce (siehe S. 152) auf Kartoffelbrei (siehe S. 100), Reis oder Nudeln – ein großartiges, herzhaftes Abendessen.

Für 8 Personen

Öl
60 g Zwiebel, sehr fein gehackt
3 Eiweiß, verquirlt
4 EL feingehackte Petersilie
1 1/2 TL Universal-Würzmischung (siehe Tip, S. 23)
1/2 TL Thymian
1/2 TL Majoran
1/2 TL weißer Pfeffer
700 g Putenbrustfleisch, durchgedreht
80 g frische Weißbrotkrumen
2 EL Mehl
500 ml Hühnerbrühe (siehe Tip S. 25)
1 EL trockener Sherry

Die Zwiebel in einer eingesprühten (siehe Tip, S. 17) oder dünn mit Öl ausgepinselten Pfanne weich garen.
Das Eiweiß mit Petersilie, Gewürzen, Kräutern und Zwiebel vermischen. Das Putenfleisch einarbeiten, dann die Brotkrumen, nötigenfalls auch die Hände benutzen. Aus der Masse 4 cm große Bällchen formen und diese in einer beschichteten Pfanne braten. Die Bällchen aus der Pfanne nehmen. Das Mehl in die Pfanne geben und leicht bräunen, dann Hühnerbrühe und Sherry dazugeben. Die Fleischbällchen wieder in die Pfanne geben und noch einmal 10 Minuten köcheln lassen.

Pro Person 1,3 g Fett; 0,6 g gesättigte Fettsäuren; 130 Kalorien.

Sloppy Joes

Kann man einen Sloppy Joe ohne Pommes frites essen? Neiiinnn. Was also haben wir für Sie gemacht? Schauen Sie auf Seite 104 nach.

Essen Sie beides zusammen und genießen Sie.

Für 6 Personen

1 große rote Zwiebel, gehackt
1 große rote Paprikaschote, gehackt
2 Knoblauchzehen, zerdrückt
700 g Putenbrust, durchgedreht
1 Flasche milde Chilisauce (340 ml)
2 EL Worchester-Sauce
1/2 TL Tabascosauce
2 EL Reisessig (siehe Tip, S. 31)

In einer beschichteten Pfanne Zwiebel, Paprikaschote und Knoblauch bei mittlerer Temperatur 5 Minuten garen. In eine Schüssel heben und beiseite stellen. Das Putenfleisch in die Pfanne geben, zerteilen und braten, bis es nicht mehr rosa ist. Das Gemüse wieder in die Pfanne geben und die restlichen Zutaten mit Ausnahme des Essigs hinzufügen. 10 Minuten köcheln lassen, dann den Essig dazugeben und die Mischung auf Brötchenhälften verteilen.

Pro Person 1,8 g Fett; 1,0 g gesättigte Fettsäuren; 200 Kalorien.

Hackbraten

So amerikanisch wie ...

Aber sehen wir der Sache ins Gesicht. Hackbraten hatte immer irgendwie den Ruf eines ekelhaften Essens. Mit allem gebührenden Respekt für den Braten aus Hack, er ist ziemlich gewöhnlich. Auf ewig einmal pro Woche auf dem Tisch.

Hackbraten bedarf einer Überholung und wer eignet sich da besser als Yankee Doodle Sue. Mit der Begeisterung von jemand, der irgendwas wiederentdeckt hat, habe ich den Hackbraten neu erfunden. Danke. Ich kann Ihnen gar nicht sagen, wie gut dieser neue, verbesserte, fettärmere Hackbraten ist.

Nehmen Sie am besten die doppelte Menge, und bereiten Sie zwei Hackbraten auf einmal zu. Frieren Sie einen ein und holen Sie ihn heraus, wenn Sie ihn brauchen.

Und wie wäre es mit Pastete? Ja, Pastete. Vornehmer geht es gar nicht. Die Leute werden von Ihrer Pastete begeistert sein, Ihrer Hackbraten-Pastete. Gefällt Ihnen das nicht?

Streichen Sie Ihren Hackbraten auf Ihre fettarmen Lieblingscräcker... nicht den ganzen Braten, nur ein bißchen. Geben Sie etwas Salz darauf, und wenn Sie wirklich schwelgen wollen, noch etwas Petersilie ...

Für 6 Personen

Brühe (siehe Tip, S. 25)
350 g mageres Rinderhackfleisch (10 % Fett)
125 g Zwiebel, gehackt
125 g Möhren, in kleine Stücke geschnitten
125 g Staudensellerie, gehackt
2 TL gehackter Knoblauch
3 Eiweiß
60 g Semmelbrösel
60 ml Ketchup
60 ml Rinderbouillon
1 TL Basilikum
1/2 TL Oregano
1 TL Salz
1/2 TL Pfeffer
150 g Kartoffeln, kleingeschnitten
2 EL gehackte Petersilie

Den Backofen auf 175 °C vorheizen. Zwiebeln, Möhren und Sellerie in einer beschichteten Pfanne in etwas Brühe garen, bis sie weich sind. Zum Abkühlen beiseite stellen. Mit allen anderen Zutaten zum Hackfleisch geben. Die Masse zu einem Braten von etwa 10 cm Höhe formen und in eine dünn geölte ofenfeste Form legen. Mit Alufolie abdecken. Den Hackbraten für 30 Minuten in den Backofen schieben. Die Alufolie entfernen und den Braten noch einmal 30 Minuten garen. Den Hackbraten 10 Minuten ruhen lassen, dann in Scheiben schneiden. Dazu können Sie Ihre Lieblingssauce reichen.

Pro Person 5 g Fett; 1,9 g gesättigte Fettsäuren; 155 Kalorien.

Rindfleisch-Eintopf

Da haben wir einen echt amerikanischen Rindfleisch-Eintopf. So wie ein Rindfleisch-Eintopf sein sollte. Am besten bereiten Sie gleich die doppelte Portion zu, denn er eignet sich bestens zum Einfrieren.

Für 4 Personen

350 g mageres Rindfleisch aus der Hüfte, in Würfel geschnitten
1 TL Salz
1/2 TL Pfeffer
1 EL Pflanzenöl
300 g Zwiebeln, gehackt
2 Knoblauchzehen, zerdrückt
1/2 TL Majoran
1 Lorbeerblatt
1/2 TL Thymian
120 ml Rotwein
450 g rote Kartoffeln, geschält und in 2 cm große Stücke geschnitten
2 große Möhren, in 5 mm dicke Scheiben geschnitten
250 g grüne Bohnen, in 4 cm lange Stücke geschnitten
2 EL gehackte Petersilie zum Garnieren

Das Fleisch salzen und pfeffern. Das Öl in einem Schmortopf erhitzen und das Fleisch darin anbraten, bis es leicht gebräunt ist. Herausnehmen und beiseite stellen. Die Zwiebeln in den Topf geben und 5 bis 7 Minuten braten, bis sie braun werden. Den Knoblauch hinzufügen und 1 Minute garen.

Rindfleisch, ggf. mit Saft, wieder in den Topf geben und Majoran, Lorbeerblatt, Thymian und Wein sowie etwa 600 ml Wasser hinzufügen, so daß das Fleisch bedeckt ist. Die Hitze reduzieren und den Topfinhalt 1 Stunde garen.

Kartoffeln und Möhren dazugeben und 25 Minuten garen. Die Bohnen zufügen und etwa 10 Minuten köcheln lassen, bis Fleisch und Gemüse weich sind. Die Kartoffeln probieren. Ein Drittel der Kartoffeln herausnehmen, mit der Gabel zerdrücken und wieder in den Topf geben. Den Eintopf nochmals erhitzen und abschmecken. Mit Petersilie bestreut servieren.

Pro Person 10,3 g Fett; 2,6 g gesättigte Fettsäuren; 370 Kalorien.

Schweinekoteletts mit Champignons

Millionen von Menschen essen dieses Gericht, bei dem dringend einmal das Fett reduziert werden muß. Es ist so ein Gericht für einen ruhigen, faulen Nachmittag in der Küche. Man braucht für die Zubereitung gut 45 Minuten, aber es schmeckt auch am nächsten Tag – etwa am Sonntag nach der Kirche – noch großartig, bereiten Sie es also heute zu, wärmen Sie es morgen auf und sprechen Sie ein Gebet für mich.

Für 4 Personen

4 Schweinekoteletts (gut 1 cm dick), Fett entfernt
1/2 TL Salz
1/2 TL Pfeffer
250 g Champignons, in Scheiben geschnitten
1 mittelgroße Zwiebel, in Scheiben geschnitten
180 ml entfettete Hühnerbrühe (siehe Tip, S. 25)
2 EL Tomatensauce
1 TL Zwiebelpulver
1/2 TL Knoblauchpulver
1 EL Dijonsenf
2 EL cremiger Magermilchjoghurt oder Sauerrahm
2 EL gehackte Petersilie

Die Koteletts salzen und pfeffern. In einer beschichteten Pfanne bei starker Hitze auf jeder Seite etwa 3 Minuten bräunen. Aus der Pfanne nehmen.
Champignons und Zwiebel in die Pfanne geben und bei mittelstarker Hitze 5 Minuten braten. Brühe, Tomatensauce, Zwiebelpulver, Knoblauchpulver und Senf dazugeben. 1 Minute garen.
Die Koteletts wieder in die Pfanne legen und mit aufgelegtem Deckel noch einmal 10 Minuten garen, bis sie gut durch sind. Koteletts herausnehmen und auf eine Fleischplatte legen. Den zimmerwarmen Joghurt in die Sauce rühren (sie darf nicht mehr kochen). Die Sauce über die Koteletts geben und die Petersilie darüberstreuen. Mit Schmetterlingsnudeln (Farfalle) servieren.

Pro Person 5,3 g Fett; 1,9 g gesättigte Fettsäuren; 160 Kalorien.

Frikadellen-Sandwiches

Servieren Sie dieses Gericht mit Kartoffelschnitzen (siehe S. 106) oder Pommes frites, Krautsalat, Kartoffelsalat und Sauereingelegtem und sagen Sie mir, ob sich irgendwer beschwert, daß er beim Essen gegenüber den schrecklich fettreichen Versionen der Vergangenheit jede Menge Fett spart.

Für 4 Personen

500 g Putenbrustfleisch, durchgedreht
125 g gegarter Reis
2 TL Kräutersalz
1 TL Würzmischung mit Zwiebeln und Kräutern
Öl
1 rote Zwiebel, in dünne Scheiben geschnitten
60 ml Hühnerbrühe (siehe Tip S. 25)
4 Scheibletten
8 Scheiben dickes Roggenbrot
Joghurt-Salat-Creme (siehe Tip, S. 35)

Putenhackfleisch, Reis, 1 TL Kräutersalz sowie die Würzmischung vermischen. Aus der Masse 1,5 cm dicke Frikadellen von etwa 10 cm Durchmesser formen.
Eine beschichtete Pfanne einsprühen (siehe Tip, S. 17) oder dünn mit Öl auspinseln. Die Zwiebel bei starker Hitze braten, bis sie gebräunt ist, dann den restlichen Teelöffel Kräutersalz hinzufügen. Die Pfanne mit der Hühnerbrühe ablöschen, dann die Zwiebeln herausnehmen und beiseite stellen.
In der gleichen Pfanne die Frikadellen bei mittelstarker Hitze auf jeder Seite 5 Minuten braten, bis sie vollkommen durch sind. 2 Minuten vor Ende der Garzeit auf jede Frikadelle eine Scheibe Käse geben. Einen Deckel auflegen, damit der Käse schmilzt. Die Brotscheiben auf beiden Seiten dünn mit Salatcreme bestreichen und in einer beschichteten Pfanne auf einer Seite rösten. Die Zwiebeln auf die Frikadellen verteilen und diese auf vier der Brote setzen. Die verbliebenen Brotscheiben daraufsetzen. Mit Dijonsenf oder Meerrettichsauce servieren. Dazu Kartoffelsalat oder Krautsalat reichen.

Pro Person 6,9 g Fett; 2,9 g gesättigte Fettsäuren; 480 Kalorien.

Amerikanischer Burger

Servieren Sie diese Köstlichkeit mit Ihren Lieblingszutaten: Kopfsalat, Tomate, Salatcreme, Senf, Ketchup, zerlassenem fettarmem Käse. Grillen Sie ein paar Zwiebeln und Champignons und verteilen Sie sie auf dem Burger. Geben Sie Ihre bevorzugte Tomatensauce und Chilies darauf.

Für 1 Person

120 g Putenbrustfleisch, durchgedreht
1/2 TL Zwiebelpulver
1/2 TL Knoblauchpulver
1/4 TL Kräutersalz
1 TL feingehackte Petersilie
Öl
80 ml Hühnerbrühe (siehe Tip, S. 25)
1 fettarmes Hamburgerbrötchen

Putenhackfleisch, Zwiebelpulver, Knoblauchpulver, Kräutersalz und Petersilie vermischen. Die Masse zu einer Frikadelle in Größe des Brötchens formen. Eine eingesprühte (siehe Tip, S. 17) oder dünn mit Öl ausgepinselte beschichtete Pfanne erhitzen und die Frikadelle darin auf jeder Seite etwa 4 Minuten bräunen. Die Brühe in die Pfanne gießen und fast ganz einkochen lassen. Die Frikadelle auf das Brötchen setzen und, falls gewünscht, Kopfsalat, Tomate, saure Gurke, Salatcreme und Dijonsenf hinzufügen. Mit Pommes frites servieren.

Pro Person 3,7 g Fett; 1,4 g gesättigte Fettsäuren; 270 Kalorien.

Thunfisch-Nudel-Auflauf

Dieses Rezept können Sie veredeln, indem Sie frisch gegarten Thunfisch verwenden und gedämpfte frische Gemüse der Saison dazureichen.

Für 6 Personen
60 g Staudensellerie, in Scheiben geschnitten
250 g frische Champignons, in Scheiben geschnitten
1 TL Selleriesalz
250 g Nudeln (ohne Ei), nach Gebrauchsanweisung gegart
2 Dosen Thunfisch in Wasser (180 g), gut abgetropft
360 ml Magermilchjoghurt
180 ml Magermilch
1 TL Würzmischung mit Zwiebeln und Kräutern
1/2 TL weißer Pfeffer
Öl
2 EL Parmesankäse
2 EL Semmelbrösel
2 EL gehackte Petersilie

Den Backofen auf 175 °C vorheizen. Staudensellerie und Champignons in einer beschichteten Pfanne dünsten und mit Salz bestreuen. Mit Nudeln, Thunfisch, Joghurt, der Würzmischung und weißem Pfeffer vermischen. In eine eingesprühte (siehe Tip, S. 17) oder dünn mit Öl ausgepinselte Form geben.
Parmesankäse, Semmelbrösel und Petersilie vermischen. Über den Auflauf streuen und dünn mit Öl bestäuben, dann für 35 bis 40 Minuten in den Backofen schieben.
Pro Person 9,3 g Fett; 2,85 g gesättigte Fettsäuren; 325 Kalorien.

Schwertfisch-Spießchen

Auf geht's, ersetzen Sie das Fleisch Ihrer üblichen Spießchen durch Schwertfisch, der in einer peppigen Sauce aus Ingwer, Limette, Reisessig und Tamari mariniert wurde und lassen Sie es sich schmecken.

Grillen oder braten Sie ihn im Backofen und servieren Sie ihn auf Reis.

Für 4 Personen

500 g Schwertfisch, in 5 cm große Stücke geschnitten
12 Kirschtomaten
2 Zwiebeln, geviertelt
1 rote Paprikaschote, in 5 cm große Stücke geschnitten
1 grüne Paprikaschote, in 5 cm große Stücke geschnitten
1 Zucchini, in 1 cm dicke Scheiben geschnitten
250 ml Knoblauch-Ingwer-Dressing (siehe S. 45)

Abwechselnd Fisch und Gemüse auf Spieße stecken. Die fertigen Spieße in eine flache Form legen. Das Ingwer-Knoblauch-Dressing darübergeben und die Spieße 1 Stunde marinieren, dabei alle 15 Minuten drehen. Auf dem Holzkohlengrill grillen oder ein Backblech dünn mit Öl einpinseln und die Spieße bei 250 °C im Backofen garen, bis sie braun sind. Auf einem Bett aus Reis servieren.

Pro Person 5,5 g Fett; 1,4 g gesättigte Fettsäuren; 215 Kalorien.

Knusprige Fischfilets

Damit sind wir in Amerika alle groß geworden, aber jetzt fehlt das Fett. Dieses „Kinderessen" ist in ein paar Minuten fertig und fettärmer, schmeckt herrlich und kann in Sekundenschnelle aufgepeppt werden, indem Sie Orangen-Koriander-Sauce (S. 140) dazuservieren. Kinder essen allerdings lieber Ketchup.

Für 4 Personen
250 ml Magermilchjoghurt
2 Eiweiß, verquirlt
2 TL Universal-Würzmischung (siehe Tip, S. 23)
4 Sägebauchfilets oder anderes Fischfilet mit zartem Geschmack und fester Konsistenz
250 g gewürzte Semmelbrösel

Den Backofen auf 230 °C vorheizen. Joghurt, Eiweiß und Würzmischung vermischen. Die Filets nacheinander sorgfältig in dieser Mischung drehen und dann in den Semmelbröseln wenden. Die Semmelbrösel gut andrücken. Die Filets in eine dünn mit Öl ausgepinselte flache ofenfeste Form legen und für etwa 10 Minuten in den Backofen schieben, bis sie braun und knusprig sind.

Pro Person 2,0 g Fett; 0,3 g gesättigte Fettsäuren; 265 Kalorien.

Garnelen auf kreolische Art

Zwiebeln, Knoblauch, Tomaten, Petersilie und scharfe Gewürze. Das ist kreolisch, kreolisch, kreolisch. Garnelen sind Amerikas beliebteste Meeresfrüchte, und auf „kreolische Art" zubereitet werden sie sicher auch zu einem von Amerikas neuen Lieblingsgerichten.

Für 6 Personen

2 mittelgroße Zwiebeln, gehackt
3 Knoblauchzehen, zerdrückt
2 Stangen Staudensellerie, gehackt
400 ml Hühner- oder Gemüsebrühe (siehe Tip, S. 25)
1 EL Zitronensaft
1 große Dose Tomatenstückchen (840 g)
1 Lorbeerblatt
3 Tropfen Tabascosauce
1 TL Würzmischung mit Zwiebeln und Kräutern
1 TL Würzmischung mit Knoblauch
1/4 TL Selleriesalz
1/4 TL weißer Pfeffer
1 TL Universal-Würzmischung (siehe Tip, S. 23)
700 g rohe geschälte Garnelen

In einem mittelgroßen Topf Zwiebeln, Knoblauch und Sellerie dünsten, bis sie weich und gebräunt sind. Brühe und Zitronensaft hinzufügen, dann Tomaten und Gewürze. Den Topfinhalt mindestens 1 Stunde köcheln lassen. Die Garnelen zugeben und köcheln lassen, bis sie rosa sind (etwa 3 bis 5 Minuten).
Vor dem Servieren das Lorbeerblatt herausnehmen. Mit gehackter Petersilie bestreut servieren.

Pro Person 2,0 g Fett; 0,3 g gesättigte Fettsäuren; 135 Kalorien.

Gute Idee:

Nach einer halben Stunde Garzeit 160 g in Scheiben geschnittene Okraschoten dazugeben.

Chop Suey oder Chow Mein

Chop Suey ... typisch amerikanisch. Vielleicht nicht mit Reis serviert, aber geben Sie ein paar Nudeln dazu und schon haben Sie amerikanisches Chop Suey. Ein kleines Problem gibt es allerdings bei diesem Gericht. Man muß ziemlich viel schnippeln und hacken!!!

Für 6 Personen

1 TL Rapsöl oder Sonnenblumenöl
125 g Staudensellerie, in 5 cm dicke Scheiben geschnitten
125 g Frühlingszwiebeln, in 2 cm große Stücke geschnitten
1 Handvoll Shiitake-Pilze, in 5 mm dicke Scheiben geschnitten (falls getrocknete Pilze verwendet werden, diese 15 Minuten in warmem Wasser einweichen und die harten Stiele entfernen)
1 rote Paprikaschote, entkernt und in 5 mm breite Streifen geschnitten
2 Knoblauchzehen, gehackt
1 EL geschälte und gehackte frische Ingwerwurzel oder 1 TL Ingwerpulver
1 Möhre, geschält und in 3 cm lange und 5 mm dicke Stifte geschnitten
1 Dose Wasserkastanien, in Scheiben geschnitten
80 g Sojabohnensprossen, vorzugsweise frisch
120 g Zuckerschoten, geputzt oder
150 g Tiefkühl-Erbsen
500 ml Gemüsebrühe
4 EL Sojasauce oder Tamari
4 EL trockener Sherry
1/2 TL Chiliöl (nach Belieben)
2 EL Reisessig (siehe Tip, S. 31)
2 EL Maisstärke
2 EL Wasser
800 g gegarter Reis oder 500 g Spaghettini, in Brühe gegart

Das Rapsöl in einem großen Topf erhitzen und die Gemüse, mit Ausnahme von Bohnensprossen und Zuckerschoten, 4 Minuten garen. Bohnensprossen, Zuckerschoten, Brühe, Sojasauce, Chiliöl (sofern verwendet) und Reisessig zufügen. Maisstärke und Wasser vermischen, in den Topf geben und sorgfältig unterrühren. Die Zutaten noch einmal 3 Minuten garen. Auf Reis (Chop Suey) servieren.

Pro Person 2,0 g Fett; 0,28 g gesättigte Fettsäuren; 370 Kalorien.

Variante:

Servieren Sie das Ganze auf Nudeln (Chow Mein).

Pro Person 3,2 g Fett; 0,45 g gesättigte Fettsäuren; 650 Kalorien.

Tip: Frische Sojabohnensprossen bekommen Sie in Asienläden oder gut sortierten Gemüseläden.

Soja-Ingwer-Nudeln

Servieren Sie dieses Gericht auf in Streifen geschnittenem Chinakohl. Fügen Sie ein paar gegarte Garnelen oder übriggebliebenes gegrilltes Hühnerfleisch hinzu und Sie haben anderthalb Mahlzeiten.

Für 6 Personen

350 g Fadennudeln, in Stücke gebrochen und nach Gebrauchsanweisung gegart
500 g Spargel, in 5 cm lange Stücke geschnitten und 3 Minuten gedämpft
3 Frühlingszwiebeln mit etwas Grün, gehackt
1/2 rote Paprikaschote, in dünne Streifen geschnitten
1 Butternut-Kürbis oder anderer gelbfleischiger Kürbis, in dünne Stifte geschnitten
6 Shiitake-Pilze, in Scheiben geschnitten und 5 Minuten weich gegart
1 Dose Mandarinorangen (310 g), abgetropft
250 ml Knoblauch-Ingwer-Dressing (S. 45)

Alle Zutaten vermischen und in den Kühlschrank stellen.

Pro Person 1,4 g Fett; 0,2 g gesättigte Fettsäuren; 235 Kalorien.

Falls getrocknete Pilze verwendet werden, diese gerade mit warmem Wasser bedecken und eine halbe Stunde stehen lassen, bis sie weich sind, dann in Scheiben schneiden. Die harten Stiele wegwerfen.

Omelett nach Art des Westens

Sie brauchen am Sonntagmorgen ein pikantes großartiges Omelett mit Champignons, Zwiebel, Schinken und Käse, während Sie Ihre Zeitung lesen, aber nicht das zusätzliche Fett von drei Eiern auf Ihren Hüften.
Was machen Sie also?

Lassen Sie die Eigelbe weg und schwelgen Sie. Essen Sie dieses Omelett morgens, mittags und abends oder als Imbiß mit Kartoffelschnitzen (siehe S. 106) und Salsa (siehe S. 142) und erzählen Sie mir nur, daß Sie dieses ganze Fett brauchen, damit es schmeckt!!!

Für 1 Person
4 Eiweiß, verquirlt
1 EL fettarme Kondensmilch
1 EL gehackte rote Zwiebel
2 EL gewürfelte rote Paprikaschote
3 Champignons, in Scheiben geschnitten
2 EL gewürfelter Putenschinken
1/2 TL Kräutersalz
2 EL geriebener fettarmer Käse
1 EL gehackte Petersilie
2 EL saure Sahne

Eiweiß und Milch vermischen und beiseite stellen.
Zwiebel, Paprikaschote, Champignons und Schinken 5 Minuten in einem Topf sautieren, dann beiseite stellen.
Eine beschichtete Pfanne dünn mit Öl auspinseln und bei mittelhoher Temperatur erhitzen. Das Eiweiß in die Pfanne gießen. Die Pfanne drehen und die Ränder des Eiweiß mit einem Spatel anheben, damit noch rohes Eiweiß darunterläuft. Wenn das Omelett stockt, das Kräutersalz darüberstreuen. Dann die Gemüse-Schinken-Mischung und den Käse daraufgeben. Das Omelett zusammenklappen und auf einen Teller gleiten lassen. Mit Petersilie bestreuen, den Sauerrahm dazu reichen.
Pro Person 4,3 g Fett; 2,4 g gesättigte Fettsäuren; 200 Kalorien.

Zucchini-Käse-Pie

Eine Warnung vorab: Wenn Sie Knoblauch, Zwiebeln und Chilies nicht mögen … wenn Sie ein etwas bodenständiger Typ sind …

LASSEN SIE DIE FINGER VON DIESEM GERICHT.

Dies ist absolut etwas für Amerikas europäische Möchtegerne. Leute, die abends ein Glas Wein mit einem kleinen Spinatsalat und einer Scheibe Brot einnehmen.

Es gibt nichts Besseres für ein Brunch. Kennen Sie ein Brunch, das besser klingt als Zucchini-Käse-Pie mit frischem Obstsalat und Kartoffelschnitzen (siehe S. 106)?

Ein absolut sündhafter Vorschlag von mir:

Machen Sie etwas nur für sich. Belügen Sie die Welt. Sagen Sie Mann, Freund, Kindern, Familie, Bekannten, daß Sie wegfahren oder jemanden besuchen müssen, der gar nicht existiert … was immer Sie tun müssen, um das Haus für sich allein zu haben. Machen Sie sich eine Zucchini-Käse-Pie. Nehmen Sie ein Schaumbad. Ziehen Sie etwas Hübsches an (hören Sie auf mich; ich habe recht). Ziehen Sie sich nicht für jemand anderen an, sondern für sich. Legen Sie Ihre Lieblingsmusik auf. Zünden Sie eine Kerze an. Lesen Sie Ihr Lieblingsbuch. Decken Sie den Tisch für sich wunderhübsch … Essen und genießen Sie.

Für 4 Personen

1 TL Olivenöl
60 g Zwiebel, gehackt
2 TL zerdrückter Knoblauch
1 Jalapeño-Chili oder andere scharfe Chilischote, feingehackt (nach Belieben)
700 g Zucchini, in 5 mm dicke Scheiben geschnitten
60 g rote Paprikaschote, in kleine Stücke geschnitten
1/4 TL Basilikum
1 TL Salz
1/2 TL schwarzer Pfeffer
1 Ei
2 Eiweiß
200 g Magerquark
Öl
1 EL geriebener Parmesankäse

Den Backofen auf 175 °C vorheizen.
Das Olivenöl in einer beschichteten Pfanne erhitzen und Zwiebel, Knoblauch und Chilischote darin weich garen, bis die Zwiebel weich ist. Falls die Mischung zu trocken ist, 2 EL Wasser zufügen. Zucchini und rote Paprikaschote dazugeben und die Zutaten weitergaren, bis die Zucchini weich sind, aber noch Biß haben. Gewürze hinzufügen und die Mischung beiseite stellen.
Eier und Quark mit einer Gabel sorgfältig vermischen.
Eine 25 cm große, runde Auflaufform einsprühen (siehe Tip, S. 17) oder dünn mit Öl auspinseln. Die Gemüse hineingeben und die Ei-Quark-Mischung darauf verteilen. Den Parmesankäse darüberstreuen.
Die Pie für etwa 30 Minuten in den Backofen schieben, bis ein in die Mitte geschobenes Messer beim Herausziehen noch sauber ist.

Pro Person 5,1 g Fett; 1,5 g gesättigte Fettsäuren; 170 Kalorien.

Vesperbrötchen

Die Zubereitung dieses Brötchens dauert fünf Minuten, und es schmeckt besser als eines der Dinger von irgendeinem McIrgendwas je schmecken könnte. Sie können die Kinder mit einem eingepackten Vesperbrötchen aus dem Haus schicken oder eine größere Menge machen und sie in Alufolie eingewickelt zu einer Sportveranstaltung mitnehmen. Sie sind auch genau das Richtige, wenn Sie in der ganzen Stadt unterwegs sind oder im Büro.

Fettarm kann nicht bequem und lecker sein? Ich denke doch: Hier haben Sie den Beweis!

Für 1 Person

1 EL Reisessig (siehe Tip, S. 31)
1 Brötchen, aufgeschnitten und getoastet
1 Eiweiß
1 Scheiblette
1 Scheibe Putenschinken (20 g)

In einem flachen Topf 2,5 cm Wasser mit dem Essig zum Köcheln bringen. Die Eiweiße hineingeben und pochieren, dann mit dem Schaumlöffel herausheben und auf Küchenpapier abtropfen lassen. Ei, Käse und Schinken auf das Brötchen legen und die andere Hälfte daraufsetzen. Für 1 Minute ins Mikrowellengerät schieben.

Pro Person 5 g Fett; 1,75 g gesättigte Fettsäuren; 230 Kalorien.

Florentiner Eier

Sie wollen eine Herausforderung? Nehmen Sie ein leckeres Eiergericht, so fettreich wie nur möglich (25 Gramm pro Portion – der Herzinfarkt läßt grüßen) und machen Sie es fettarm, ohne daß es an Geschmack einbüßt.

Die Sache ist gelaufen. Dieses denkbar edle Frühstück ist einfach märchenhaft. Bereiten Sie es rasch zu, wenn Sie Eindruck machen wollen, und genießen Sie es.

Dieses Gericht muß man gleich aufessen. Könnten Sie sich vorstellen, Reste zu essen? IGIIITTTT.

Für 4 Personen
2 EL Reisessig (siehe Tip, S. 31)
8 Eiweiße in getrennten Tassen
2 EL gehackte Frühlingszwiebel
1 Knoblauchzehe, feingehackt
1 Packung tiefgekühlter gehackter Blattspinat (300 g), gegart und ausgedrückt
60 ml Gemüsebrühe
4 Brötchen, aufgeschnitten und getoastet (bei 100 °C im Backofen warm halten)
8 Eiweiße, pochiert
1/8 TL Cayennepfeffer

In einem flachen Topf 3 bis 5 cm Wasser und Reisessig zum Köcheln bringen. Die Eiweiße nacheinander hineingleiten und köcheln lassen, bis sie gestockt sind. Mit dem Schaumlöffel zum Abtropfen auf Küchenpapier heben.
Zwiebel und Knoblauch in einer Pfanne weich garen. Spinat und Brühe hinzufügen und garen, bis die Brühe aufgenommen ist. Den Spinat auf die Brötchenhälften verteilen und je ein Eiweiß daraufsetzen. Mit Cayennepfeffer bestreut servieren.

Pro Person 1,3 g Fett; 0,9 g gesättigte Fettsäuren; 200 Kalorien.

Gemüse

Leichte Energie- und Kraftspender

Langweilig, langweilig. Was ist für eine Diät typischer als Möhrenstäbchen? Wie oft kann man gedämpftes Gemüse essen, bevor man losrennt, um sich ein Steak zu holen? Ich weiß, wie das ist. Völlig verständlich.

Deshalb halten wir hier für Sie ein paar der besten Gemüsegerichte im Land bereit. Sie werden Gemüse nie wieder mit den gleichen Augen betrachten.

Süß-saurer Rotkohl

Wenn Sie das nächste Mal Lust auf etwas frischen Rotkohl haben, der in einer pikanten Brühe mit einer perfekten Kombination von Gewürzen geköchelt wurde, probieren Sie es doch mal mit diesem Rezept.

Ich sage Ihnen, dieser süß-saure Rotkohl ist nicht nur ein phantastisches Sonntagsgericht, sondern auch eine perfekte Beilage. Mit Kartoffelbrei (siehe S. 100) ergibt er eine großartige vegetarische Mahlzeit. Oder Sie servieren ihn zu gegrillten Schweinelendchen, anderem gegrillten Fleisch oder Huhn. Süß-sauer und einmal anders.

Für 6 Personen

500 g Rotkohl, in Streifen geschnitten
60 ml Reisessig (siehe Tip, S. 31)
60 ml Wasser
1 TL Kräutersalz
3/4 TL Kümmel
1/4 TL Pfeffer
2 Scheiben magerer Frühstücksspeck, kroß gebraten und zerkrümelt (nach Belieben)

Die Zutaten in einem Topf vermischen und bei mittlerer Hitze 15 bis 20 Minuten garen, bis der Kohl weich ist.

Mit Speck:
Pro Person 0,9 g Fett; 0,25 g gesättigte Fettsäuren; 35 Kalorien.

Ohne Speck:
Pro Person 0,4 g Fett; 0,03 g gesättigte Fettsäuren; 20 Kalorien.

Kohlrouladen

Kohl hat schon immer einen schlechten Ruf gehabt. Blähungen. Man mußte ihn als Kind essen. Riecht grauenhaft, wenn man ihn gart. Und deshalb dachte ich mir, daß es an der Zeit ist, dem Kohl ein neues Image zu geben und seinen Ruf wiederherzustellen.

Diese Kohlrouladen stellen eine vollständige vegetarische Mahlzeit dar, man kann sie jedoch auch mit einem Salat und warmen, kleinen Brötchen servieren.

Für 6 Personen

1 mittelgroße Zwiebel, gehackt
1 Knoblauchzehe, zerdrückt
400 g gegarter Reis (vorzugsweise brauner Reis)
2 TL Universal-Würzmischung (siehe Tip, S. 23)
1/8 TL gemahlene Nelken
2 Eiweiße, verquirlt
1 Weißkohl, nach Entfernen des Strunks gedämpft, bis sich die Blätter leicht trennen lassen
1 Dose Tomatenstückchen (420 g)
2 EL Zucker
60 g Rosinen (wenn Sie Rosinen nicht so mögen, weniger)
6 EL Reisessig (siehe Tip, S. 31)

Zwiebel und Knoblauch weich garen, dann mit Reis, 1 TL Würzmischung, Nelken und Eiweiß vermischen. 2 EL Mischung in die Mitte eines Kohlblattes setzen. Die Seiten über die Füllung legen und das Blatt aufrollen. Mit der offenen Seite nach unten in eine 30 x 30 cm große ofenfeste Form legen. Weitere Rouladen herstellen – insgesamt ergeben die Zutaten zehn bis zwölf Stück.

Tomaten, Rosinen, restliche Würzmischung, Zucker und Essig in einemTopf bei schwacher Hitze rühren, bis sich der Zucker aufgelöst hat. Die Mischung über die Rouladen geben und die Form für 35 Minuten in den 190 °C heißen Backofen schieben. Mit etwas saurer Sahne servieren.

Pro Person 1,6 g Fett; 0,9 g gesättigte Fettsäuren; 200 Kalorien.

Frühlingszwiebel-Klößchen

Diese leckeren, leichten Klößchen, die leichtesten, die je zubereitet wurden, eignen sich perfekt für Ihre fettarme klare Suppe oder als Beilage zu Hühner-Frikassee (siehe S. 58) Oder man ißt sie einfach so.

Für 6 Personen

1 l Gemüse- oder Hühnerbrühe (siehe Tip, S. 25)
5 EL Mehl, in einem mit Öl ausgepinselten beschichteten Topf leicht gebräunt
150 g Mehl
2 TL Backpulver
1 Ei
1 Eiweiß
80 ml Magermilch
1 bis 2 TL sehr fein gehackte Frühlingszwiebeln

In einem großen Suppentopf Brühe und gebräuntes Mehl mit einem Schneebesen durchrühren, bis die Mischung leicht eingedickt ist. (Eventuell muß während des Garens noch etwas Wasser zugefügt werden.) Das verbliebene Mehl mit dem Backpulver vermischen, dann Ei, Eiweiß und Milch unterrühren. Sorgfältig die Zwiebeln untermischen. Es sollte ein steifer Teig entstehen.

Die Brühe bei mittelhoher Temperatur erhitzen, bis sie köchelt. Den Teig eßlöffelweise in die Brühe geben, aber nicht zu viel auf einmal, da die Klöße beim Garen aufgehen. Mit aufgelegtem Deckel 5 Minuten köcheln lassen. Die Klöße drehen und noch einmal 5 Minuten garen. Sofort servieren.

Pro Person 1,8 g Fett; 0,32 g gesättigte Fettsäuren; 135 Kalorien.

Mais-Kartoffel-Auflauf

Super. Das alte Rezept war lecker, gewiß, aber was ist mit diesen 40 Prozent Kalorien durch Fett? Sie haben sich gewundert, warum Sie über die Jahre immer dicker wurden? Nun, das ist vorbei.

In Scheiben geschnittene Kartoffeln, Mais, Zwiebeln und Gewürze mit einer cremigen Sauce in einer ofenfesten Form gegart, bis alles blubbert, und viel weniger Fett, das kommt jetzt.

Für 6 Personen

70 g rote Zwiebel, feingehackt
1/2 TL Salz
1/4 TL Pfeffer
eine Prise Cayennepfeffer
500 ml weiße Grundsauce (siehe S. 145)
3 große Kartoffeln (500 g), gerade weich gedämpft, in 5 mm dicke Scheiben geschnitten
1 Schachtel Tiefkühl-Mais (300 g)
60 g geriebener fettarmer Cheddar
1 EL gehackte Petersilie

Den Backofen auf 190 °C vorheizen. Die Zwiebel garen, bis sie weich ist. Gewürze in die Sauce rühren. Kartoffeln, Mais und Zwiebel mit der Sauce in eine ofenfeste Form schichten. Mit Käse und Petersilie bestreuen. Für 20 Minuten in den Backofen schieben.

Pro Person 3,9 g Fett; 1,4 g gesättigte Fettsäuren; 300 Kalorien.

Auberginen mit Paprika

Wunderbare Beilage. Gut auf Reis oder Nudeln. Als Füllung für ein Omelett. Für Sandwiches geeignet. Was Ihnen auch einfällt, was Sie mit einem Gericht aus Aubergine, Paprikaschote, Zwiebeln, Knoblauch, Brühe und Gewürzen machen könnten, MACHEN SIE ES, denn es schmeckt zu allem gut.

Für 6 Personen

1 mittelgroße Aubergine, geschält und quer in 1 cm dicke Scheiben geschnitten, dann in 1 cm dicke Stifte
1/2 rote Paprikaschote, entkernt und in 5 mm breite Streifen geschnitten
1/2 grüne Paprikaschote, in 5 mm breite Streifen geschnitten
1 mittelgroße Zwiebel, halbiert und in dünne Scheiben geschnitten
1 große Knoblauchzehe, zerdrückt
250 ml Gemüsebrühe
1 EL Reisessig (siehe Tip, S. 31)
1 TL Kräutersalz
1 TL Würzmischung mit Zwiebeln und Kräutern
1 EL gehackte frische Petersilie

Auberginenstifte in einen Durchschlag geben und ins Waschbecken stellen. Großzügig mit Salz bestreuen und etwa 10 Minuten stehen lassen. Sorgfältig abspülen.

Die Auberginenstifte in einer beschichteten Pfanne bei starker Hitze braten, bis sie gebräunt sind. Paprika, Zwiebel und Knoblauch hinzufügen und garen, bis sie durch sind, aber noch Biß haben. Brühe, Essig und Gewürze hinzufügen.

Das Gemüse mit Petersilie bestreuen. Auf Reis oder Nudeln servieren.

Pro Person 0,36 g Fett; 0,035 g gesättigte Fettsäuren; 35 Kalorien.

Gratin von grünen Bohnen

Ich habe diesen Eintopf aus dem Mittleren Westen entfettet und ein paar knusprige Sachen darübergestreut, um ihn ein wenig schmackhafter zu machen als die alte fettreiche Version. Er eignet sich perfekt als Mahlzeit mit Salat ... als Beilage zu Huhn ... für ein Wochenende beim Campen ... einfach für jede Gelegenheit.

Für 6 Personen

2 EL Maisstärke
250 ml Magermilch
100 ml Flüssigkeit von konservierten Champignons
200 ml saure Sahne
1 Würfel klare Suppe, in 2 EL Wasser aufgelöst
1 TL Knoblauchpulver
1 TL Kräutersalz oder Salz
40 g Zwiebelflocken
500 g tiefgekühlte grüne Bohnen, aufgetaut
200 g Champignons aus der Dose (240 g), abgetropft; Flüssigkeit aufbewahren
100 g Semmelbrösel
Öl

Den Backofen auf 190 °C vorheizen.
Die Maisstärke mit der Milch verrühren und bei mittlerer Temperatur erhitzen. Rühren, bis die Mischung dick wird. Pilzflüssigkeit, saure Sahne, aufgelösten Brühwürfel und Gewürze hinzufügen und noch einmal 1 Minute rühren. Den Herd ausschalten und die Hälfte der Zwiebeln hinzufügen.
Die Bohnen nach Gebrauchsanweisung garen. Abtropfen lassen und mit den Pilzen in eine ofenfeste Form geben. Die Sauce darübergießen, dann mit Semmelbröseln und restlichen Zwiebeln bedecken. Das Gratin dünn mit Öl bestäuben (siehe Tip, S. 17) und für 40 Minuten in den Backofen schieben, bis es goldbraun ist und blubbert.

Pro Person 3,95 g Fett; 2,24 g gesättigte Fettsäuren; 140 Kalorien.

Gefüllte Paprikaschoten

Grüne und rote Paprikaschoten, gefüllt mit schwarzen Bohnen, Reis, Mais, Frühlingszwiebeln und einer perfekten Kombination von Gewürzen … dieses Gericht könnte nicht hübscher aussehen und ist im Geschmack schwer zu schlagen. Man kann es als eigenständige Mahlzeit essen, aber es ist auch eine großartige Beilage, die praktisch zu allem paßt. Außerdem läßt es sich leicht in ein Fleischgericht verwandeln, indem man der Füllung 250 g durchgedrehtes Putenbrustfleisch hinzufügt, das mit gehackter Zwiebel gebräunt wurde.

Für 8 Personen

8 große rote oder grüne Paprikaschoten (rote sind süßer), Deckel und Kerne entfernt
1 l Wasser
2 Würfel klare Suppe
Olivenöl
60 g gehackte Frühlingszwiebeln
2 Knoblauchzehen, zerdrückt
570 g Reis
700 ml Gemüsesaft
700 ml Gemüsebrühe
1 TL Kräutersalz
1 Dose schwarze Bohnen (420 g), abgetropft und abgespült
350 g Tiefkühl-Mais
2 EL gehackter Koriander
2 EL gehackte Petersilie

In einem Topf, in dem die Paprikaschoten nebeneinander Platz haben, das Wasser mit den Brühwürfeln zum Kochen bringen. Die Paprika hineinsetzen und die Hitze reduzieren. 5 Minuten köcheln und anschließend abtropfen lassen. Die Brühe aufbewahren.

Einen mittelgroßen Topf dünn mit Olivenöl auspinseln und Zwiebel, Knoblauch und Reis darin 3 Minuten garen. Gemüsesaft, Brühe und Kräutersalz zugeben und zum Kochen bringen, dann die Hitze so weit reduzieren, daß der Topfinhalt nur noch köchelt. Zugedeckt 15 bis 20 Minuten köcheln lassen, bis der Reis weich ist. Von der Kochstelle nehmen. Bohnen, Mais und Kräuter untermischen.

Die Mischung in die Paprikaschoten füllen. Je einen Eßlöffel Brühe über die gefüllten Paprika geben und diese in eine ofenfeste Form setzen. Verbliebene Füllung um sie herum verteilen und Brühe darüberträufeln, bis die Mischung am Boden gut durchfeuchtet ist. Die Form für etwa 20 Minuten in den 190 °C heißen Backofen schieben, bis sich die Paprikaschoten mit einer Gabel leicht einstechen lassen. Mit Zitronen-Kräuter-Sauce (siehe S. 154) servieren.

Pro Person 1,4 g Fett; 0,24 g gesättigte Fettsäuren; 380 Kalorien.

Kartoffelbrei

Die perfekte Beilage für jeden und jede Gelegenheit. Immer sättigend. Was ist bekömmlicher als Kartoffelbrei? Testen Sie ihn. Er spricht für sich selbst. Er ist der Beweis, daß Konsistenz und Geschmack auch dann hervorragend sein können, wenn man das Fett reduziert.

Wenn Sie Freunde haben, die stöhnen und jammern, daß man Kaninchenfutter essen muß, um schlanker und gesünder zu werden, dann stopfen Sie ihnen mit diesem Kartoffelbrei den Mund.

Reste: Kartoffelkuchen zum Frühstück? Wer hätte da etwas dagegen? Formen Sie die kaltgestellten Kartoffelbreireste zu Küchlein, wenden Sie sie in Semmelbröseln und braten Sie sie in einer beschichteten Pfanne (eines unserer wichtigsten Küchenutensilien in der neuen, besseren, hüftverschlankenden Küche).

Für 6 Personen

6 mittelgroße Kartoffeln, gewaschen und in 3 cm große Würfel geschnitten
2 Knoblauchzehen, grobgehackt
1 mittelgroße Zwiebel, feingehackt
180 ml Magermilchjoghurt
120 ml Magermilch
1 EL Petersilien-Butter-Aroma
1 EL Kräutersalz
1/8 TL weißer Pfeffer

Nach Belieben:

2 EL gehackte Petersilie
2 EL gehackte Frühlingszwiebeln
gedünstete Zwiebeln (Zwiebeln bei mittelstarker Hitze in einer beschichteten Pfanne braten, bis sie weich und goldbraun sind).

Die Kartoffeln (sie werden wegen des Geschmacks und der Nährstoffe in der Schale gegart) mit Knoblauch und Zwiebel in einen Topf geben und mit Wasser bedecken. Garen, bis sich die Stücke leicht mit der Gabel zerteilen lassen. Abtropfen lassen und wieder in den Topf geben. Joghurt, Milch, Aroma und Gewürze hinzufügen. Die Kartoffeln zerstampfen, bis ein cremiger Brei entstanden ist, der noch einige Stückchen enthält.

Pro Person 0,3 g Fett; 0,09 g gesättigte Fettsäuren; 170 Kalorien.

Glasierte Möhren

Eine tolle Möglichkeit, Kinder dazu zu bringen, Möhren regelrecht zu verschlingen. Frische, in Scheiben geschnittene Möhren mit braunem Zucker, Orangensaft, Reisessig und etwas Ingwer, superedel und trotzdem einfach. Ich liebe dieses Gericht und habe beschlossen, mit ihm den Möhrenkochwettbewerb, an dem ich nächstens teilnehme, zu gewinnen.

Für 6 Personen

8 Möhren, in 3 mm dicke Scheiben geschnitten
40 g brauner Zucker
60 ml Orangensaft
2 EL Reisessig (siehe Tip, S. 31)
1/8 TL Ingwerpulver
1/2 TL Universal-Würzmischung (siehe Tip, S. 23)
1 TL Petersilien-Butter-Aroma

Die Möhren 8 Minuten garen, bis sie weich werden, aber noch Biß haben. Abtropfen lassen, mit den restlichen Zutaten vermischen und noch einmal 10 Minuten bei schwacher Hitze köcheln lassen. Gut durchrühren, damit die Möhren vollkommen glasiert werden.

Pro Person 0,2 g Fett; 0,04 g gesättigte Fettsäuren; 70 Kalorien.

Rahm-Käse-Kartoffeln

Klingt gut, nicht? Stellen Sie sich vor: Sie haben den Holzkohlengrill angemacht. Die Chefköchinnenmütze auf dem Kopf. Die Burger sind fertig. Und nun füllen Sie den Teller mit Rahm-Käse-Kartoffeln und was Sie sonst servieren möchten (dieses Gericht läßt sich aber durch nichts verbessern, verwenden Sie daher nicht zu viel Energie auf Dinge wie Krautsalat). Es ist einfach spitze.

Raten Sie mal, was Sie mit diesen kleinen rahmigen Kartoffeln noch machen können? Frühstück. Na, bestimmt … Bereiten Sie aus ein paar Eiweißen Rührei zu und geben Sie es auf einen Berg dieser Kartoffeln.

Für 6 Personen
4 große mehlige Kartoffeln (500 g), in je sechs Spalten geteilt
Öl
1 EL Würzmischung mit Zwiebeln und Kräutern
1/2 TL Salz
1/2 TL frisch gemahlener Pfeffer
100 g geriebener fettarmer Cheddar
je 50 ml cremiger Magermilchjoghurt und Sauerrahm
2 EL gehackte Frühlingszwiebeln
1 EL gehackte Petersilie

Die Kartoffeln garen, bis sie gerade weich sind (nicht übergaren, sonst zerfallen sie!). Den Backofen auf 200 °C vorheizen. Eine flache ofenfeste Form einsprühen (siehe Tip, S. 17) oder dünn mit Öl auspinseln. Die Kartoffeln hineinlegen und mit der Würzmischung, Salz und Pfeffer bestreuen. Für 35 bis 40 Minuten in den Backofen schieben, bis sie braun sind. Mit dem Käse bestreuen und noch einmal für 5 Minuten in den Backofen schieben, bis der Käse geschmolzen ist. Joghurt und Sauerrahm verrühren und über die Kartoffeln geben. Mit Frühlingszwiebeln und Petersilie bestreuen.

Pro Person 3,67 g Fett; 2,17 g gesättigte Fettsäuren; 115 Kalorien.

Pommes frites

Eines meiner Lieblingsrezepte. Habe gerade neulich einen Berg gegessen, während ich telefonierte und konnte nicht genug bekommen.
Diese dünnen Kartoffelstäbchen, in Gewürzen gedreht und auf einem Backblech gebacken, sind tatsächlich Pommes frites. Und zweifellos gute. Knusprig, salzig, würzig. (Sie mögen gewürzte Pommes nicht? Dann nehmen Sie einfach nur Salz.)

Ein gutes Rezept für Kinder und jeden anderen.

Für 1 Person
Öl
1 große Kartoffel, in 5 mm dicke Stäbchen geschnitten
2 TL Kräutersalz

Den Backofen auf 250 °C vorheizen. Ein Backblech einsprühen (siehe Tip, S. 17) oder dünn mit Öl einpinseln. Die Kartoffelstäbchen im Kräutersalz drehen. Auf dem Blech verteilen und für 20 Minuten in den Backofen schieben, bis sie braun und knusprig sind, zwischendurch einmal drehen.

Pro Person 0,25 g Fett; 0,07 g gesättigte Fettsäuren; 205 Kalorien.

Kartoffelnester

Kartoffelnester: Salzig, käsig – aber nicht öltriefend! Herrlich mit Salsa, schwarzen Bohnen, gegrillten Gemüsen oder etwas von unserer ungebratenen, gebratenen Hähnchenbrust. Als Vorspeise ebenso geeignet wie als Beilage. Spätabends ebenso lecker wie zum Frühstück (mit Rührei).

Für 4 Personen

2 große mehlige Kartoffeln (400 g), gebürstet
60 ml Sauerrahm
30 g geriebener fettarmer Käse, z.B. Cheddar
2 EL Petersilie, gehackt
100 g roher Putenschinken, kroß gebraten und zerkrümelt
2 TL Zwiebelpulver
2 TL Kräutersalz

Den Backofen auf 250 °C vorheizen.
Die Kartoffeln etwa 4 Minuten im Mikrowellengerät garen, bis sie weich sind, oder bei 200 °C im Backofen 40 Minuten garen, bis sie sich leicht mit einer Gabel einstechen lassen. Längs halbieren und so viel Fleisch herauslösen, daß eine 5 mm dicke Wand stehenbleibt.
Den Sauerrahm auf die Nester verteilen, dann Käse, Petersilie, Schinken, Zwiebelpulver und Gewürzmischung darüberstreuen. Bei 250 °C im Backofen noch einmal 10 bis 15 Minuten garen, bis sie gebräunt sind.
Pro Person 3,2 g Fett; 1,79 g gesättigte Fettsäuren; 140 Kalorien.

Kartoffelschnitze

Diese Kartoffelschnitze schmecken prima zu Huhn aus dem Backofen und Fischstäbchen oder einfach mit Champignon-Zwiebel-Sauce (siehe S. 152). Reste kann man morgens mit Eiweiß und Toast essen.

Tip: Bereiten Sie die doppelte Menge zu. Sie glauben ja gar nicht, wie gut diese Dinger aufgetaut schmecken. Frieren Sie sie in einem Folienbeutel ein, holen Sie sie heraus und legen Sie sie für ein paar Minuten unter den Grill.

Dippen Sie sie in Ketchup, Dressing „Grüne Göttin" (siehe S. 44) oder was auch immer.

Für 6 Personen
60 g Semmelbrösel
1 EL Universal-Würzmischung (siehe Tip, S. 23) oder Kräutersalz
1 TL Knoblauchpulver
1 TL Zwiebelpulver
6 mittelgroße Kartoffeln, längs in sechs Keile geschnitten
2 Eiweiß, verquirlt

Den Backofen auf 230 °C vorheizen. Semmelbrösel und Gewürze in einem Beutel vermischen. Die Kartoffelschnitze im Eiweiß sorgfältig drehen. In der Semmelbröselmischung wenden und vollkommen überziehen. Ein Backblech dünn mit Öl einpinseln und die Kartoffeln darauflegen. Etwa 35 Minuten backen, bis sie knusprig und braun sind.

Pro Person 0,33 g Fett; 0,08 g gesättigte Fettsäuren; 155 Kalorien.

Zweimal gegarte Kartoffeln

Haben Sie Lust auf etwas, das nach Sahne, Käse und Butter schmeckt? Etwas, das jederzeit großartig ist? Etwas, das sich als Frühstück, Mittagessen, Abendbrot, Imbiß eignet? Es geht hier um Kartoffeln, die mit Brokkoli, saurer Sahne, Cheddar und Gewürzen gefüllt sind. Ich bin dabei. Ich bin da, wenn diese Kartoffeln serviert werden. Immer und überall köstlich.

Für 4 Personen

4 große mehlige Kartoffeln (750 g), gebürstet
60 ml Gemüsebrühe
100 ml milder Magermilchjoghurt
50 g Brokkoli, gerade weichgegart, aber noch leuchtendgrün
1 TL Petersilien-Butter-Aroma
1/2 TL Salz
1/2 TL weißer Pfeffer
50 g geriebener fettarmer Cheddar

Die Kartoffeln bei 200 °C im Backofen etwa 35 Minuten garen, bis sie durch sind, oder für 15 bis 20 Minuten ins Mikrowellengerät legen. Abkühlen lassen, dann längs halbieren und das Fleisch herauslösen, dabei eine 5 mm dicke Wand stehen lassen. Das herausgelöste Fleisch mit Brühe und Joghurt in eine Schüssel geben und zerdrücken. Brokkoli, Butteraroma, Salz, Pfeffer und Käse zufügen. Die Mischung in die Kartoffeln füllen und diese noch einmal für 15 Minuten in den Backofen setzen, bis die Oberfläche gebräunt ist. Mit Specksauce (siehe S. 151) servieren.

Pro Person 3 g Fett; 1,2 g gesättigte Fettsäuren; 180 Kalorien.

Zucchini-Mais-Küchlein

Mißtrauisch? Verständlich. „Zucchini" und „Kuchen". Klingt vielleicht nicht verlockend, aber keine Sorge. Diese Küchlein schmecken prima.
Servieren Sie sie zum Frühstück mit Specksauce (siehe S. 151). Oder geben Sie zerkrümelten Putenschinken dazu. Oder geben Sie etwas weiße Sauce (siehe S. 145) mit einem Spritzer Zitronensaft darüber.

Für 4 Personen
100 g geraspelte Zucchini
175 g Tiefkühl-Mais
40 g rote Paprikaschote, gehackt
Salz
75 g Mehl
3 Eiweiße, verquirlt
1/2 TL Backpulver
60 ml Magermilch
2 EL Reisessig (siehe Tip, S. 31)
1 TL Universal-Würzmischung (siehe Tip, S. 23)
1/8 TL weißer Pfeffer
Öl
2 EL gehackte Frühlingszwiebel
2 EL gehackte Petersilie

Zucchini, Mais und Paprikaschote in einem Durchschlag auf eine Schüssel setzen. Mit Salz bestreuen und 30 Minuten stehen lassen. Unter fließendem kaltem Wasser abspülen und ausdrücken.
Mehl, Eiweiß, Backpulver, Milch, Essig, 1/2 TL Salz, Würzmischung und Pfeffer vermischen. Die Gemüse hinzufügen.
Eine beschichtete Pfanne dünn mit Öl auspinseln und erhitzen. Die Gemüsemischung löffelweise hineingeben und die Küchlein auf beiden Seiten bräunen.
Mit Frühlingszwiebel und Petersilie bestreut servieren.

Pro Person 0,24 g Fett; 0,05 g gesättigte Fettsäuren; 80 Kalorien.

Gedünstete Gemüsestäbchen

Ich mußte etwas tun, um den Ruf von gedünstetem Gemüse zu verbessern! Mit diesem Rezept ist das gelungen. Man nehme etwas Gutes, das immer irgendwie fad geschmeckt hat und bereite es so zu, daß es einen großartigen Geschmack bekommt.

Nennen wir es gedünstete Gemüsestäbchen.

Für 4 Personen

180 ml Gemüsebrühe
2 Pastinaken, geschält und in 5 mm dicke und 5 cm lange Stifte geschnitten
2 Möhren, wie oben in Stifte geschnitten
1 Zucchini, wie oben in Stifte geschnitten
1 Butternut-Kürbis oder anderer gelbfleischiger Kürbis, wie oben in Stifte geschnitten
2 EL sehr fein gehackte Frühlingszwiebel
2 EL sehr fein gehackte Petersilie
2 EL Zitronensaft
1/2 TL Kräutersalz

Brühe, Pastinaken und Möhren in einen flachen Topf geben und mit aufgelegtem Deckel bei mittlerer Hitze etwa 5 Minuten garen. Zucchini und Kürbis dazugeben und alles noch einmal 2 Minuten garen. Nötigenfalls Wasser hinzufügen. Die restlichen Zutaten unterheben. Auf Reis servieren.

Pro Person 0,5 g Fett; 0,06 g gesättigte Fettsäuren; 60 Kalorien.

Gemüse-Potpourri

Ahhhh, gegrillt. Über Holzkohlenglut. Der Geruch, die Konsistenz, der Geschmack.

Wenn Sie in der Vergangenheit an Gegrilltes dachten, dachten Sie an Burger oder Würstchen, und selbst wenn Sie jemals gegrillte Gemüse in Betracht gezogen haben, waren sie die Stiefschwestern von dem, was sonst gegrillt wurde. Das ist vorbei. Diese gegrillten Gemüse schmecken prima und nehmen den ganzen Grill ein, stellen Sie sie also in den Vordergrund und lassen Sie gesättigte Fettsäuren und Cholesterin in den Hintergrund dessen treten, was schon immer die Hauptattraktion von Grillpartys hätte sein sollen ...

Pssst ... dies ist Grillgut, das Sie in einem Beutel marinieren und mitnehmen können, wenn Sie zu Freunden oder Verwandten auf eine Grillparty gehen.

Diese gegrillten Gemüse schmecken zu jedem Abendessen gut ... Legen Sie sie in den Elektrogrill, oder grillen Sie sie in einer ofenfesten Form im Backofen. Bereiten Sie mit ihnen ein Sandwich zu. Ich habe das gerade neulich erst gemacht. Es war großartig: dicke Brotscheiben, Senf, gegrillte Gemüse, Sauerkraut. Super!!!

Für 6 Personen

Marinade

120 ml Zitronensaft

2 EL Olivenöl

4 Knoblauchzehen, zerdrückt

2 TL italienische Gewürzmischung

1 1/2 TL Universal-Würzmischung (siehe Tip, S. 23)

6 Kartoffeln, gegart

2 mittelgroße Zucchini, längs in 5 mm dicke Scheiben geschnitten

2 rote oder grüne Paprikaschoten, entkernt und längs in 1 bis 2 cm breite Streifen geschnitten

2 rote Zwiebeln, quer in 1 cm dicke Stücke geschnitten

250 g Champignons

1 große Aubergine, geschält und in 1 cm dicke Scheiben geschnitten

Zitronensaft, Olivenöl und Gewürze vermischen. Die Gemüse in eine große Schüssel legen und mit der Marinade übergießen. Mindestens 1 Stunde stehen lassen, nach Möglichkeit länger.

Die Gemüse über der Holzkohlenglut auf jeder Seite etwa 10 Minuten grillen.

Auf heißem braunem Reis und mit der restlichen Marinade begossen servieren.

Pro Person 5,1 g Fett; 0,7 g gesättigte Fettsäuren; 150 Kalorien.

Reis, Hülsenfrüchte, Getreide, Brot

Kreative Kost – auch für Kinder

Beim Lesen dieser Überschrift sollten Sie sich bereits gesünder fühlen … was kann man mehr wollen, wenn man sich eine gesunde Verdauung wünscht??? Wenn Sie meine persönliche Meinung dazu hören wollen: Eine gesunde Verdauung ist gut und notwendig, doch weit mehr interessiert uns der Geschmack, eine einfache Zubereitung und, daß Kinder diese Sachen mögen.

Die sinnvolle Einbeziehung einer Kategorie von Lebensmitteln wie Reis und anderen Getreiden, Hülsenfrüchten und Brot war nicht einfach, doch es gibt nichts, mit dem unsere Testmütter nicht zurechtkommen. Nehmen Sie ab und zu ein Reis- oder Hülsenfrüchterezept in Ihren Speiseplan auf – es lohnt sich!

Ein Wort zu Pizza. Wahrscheinlich hätten Sie nie gedacht, daß Sie Pizza essen können. Ja, wir sind stolz darauf, Ihnen eine fettarme Pizza präsentieren zu können. Aber Vorsicht: Achten Sie darauf, welchen Teig Sie verwenden. Fertigprodukte reichen von sehr fettarm bis unglaublich fettreich.

Reis (Grundrezept)

Eines der wichtigsten Gerichte in diesem Buch. Bereiten Sie einen großen Topf zu, und stellen Sie ihn in den Kühlschrank, dann können Sie ihn die ganze Woche in Suppe geben oder als Bett für alles und jedes verwenden. Ihn aufwärmen und einfach mit etwas Sojasauce essen. Reis rettet mich jedesmal, wenn ich zur Tür hereinstürze und hungrige Kinder sehe, die auf Essen warten. Reis mit ... ALLEM.

Für 6 Personen
400 g Langkornreis
900 ml Gemüsebrühe
1 TL Universal-Würzmischung oder nach Geschmack (siehe Tip, S. 23)
1/2 TL Würzmischung mit Zwiebeln und Kräutern

Den Reis nach Gebrauchsanweisung in Gemüsebrühe garen, dabei der Brühe die Gewürzmischungen zufügen.
Zur Zubereitung von Kräuterreis 1 EL gehackte Petersilie, 1 EL gehackte Frühlingszwiebel, 1 EL fines herbes oder 1 EL frisches Basilikum dazugeben.
Pro Person 0,42 g Fett; 0,12 g gesättigte Fettsäuren; 245 Kalorien.

Konfettireis

Ich habe dieses Gericht neulich abends in einem Restaurant bestellt, doch es konnte unserer Version nicht das Wasser reichen. Ich möchte nicht überheblich sein, aber was wahr ist, ist wahr.

Reis mit jeder Menge Zucchini, Mais, roter Paprikaschote, roter Zwiebel, Erbsen, Kräutern und Gewürzen: Bunt, rasch zubereitet, allein gegessen prima und ebenso als Beilage zu anderen Gerichten. Eine der besten Omelettfüllungen, die man sich vorstellen kann. Großartig geeignet, um die Kids dazu zu bringen, Gemüse zu essen. Rundum eine prima Sache!!!

Für 6 Personen

190 g Reis
400 ml Wasser oder Brühe
1 TL Salz
1 TL Knoblauchpulver
100 g Möhren, in 5 cm lange, dünne Stifte geschnitten
60 g rote Zwiebel, gehackt
125 g Zucchini, in 5 mm große Würfel geschnitten
80 g Tiefkühl-Mais
60 g rote Paprikaschote, gewürfelt
30 g Tiefkühl-Erbsen
2 EL gehackte Petersilie
1 EL Thymian oder Majoran

Reis, Wasser, Salz und Knoblauchpulver in einen Topf mit fest sitzendem Deckel geben und zum Kochen bringen, dann die Hitze so weit reduzieren, daß der Topfinhalt noch köchelt. Nach 10 Minuten Möhren und Zwiebel zufügen und 5 Minuten dämpfen. Die restlichen Gemüse dazugeben. Den Reis von der Kochstelle nehmen und zugedeckt 5 Minuten stehen lassen. Anschließend mit der Gabel auflockern und dabei die Gemüse gut verteilen. Mit den Kräutern bestreut servieren.

Pro Person 0,54 g Fett; 0,1 g gesättigte Fettsäuren; 160 Kalorien.

Reis „San Francisco“

Gegrilltes sollte man nie ohne diesen Reis servieren. Und nach einem langen, harten Tag lasse ich mich oft allein mit einer riesigen Schüssel von diesem Reis nieder und verschlinge ihn ... einfach, umkompliziert und lecker.

Für 6 Personen

Öl
60 g Champignons, in Scheiben geschnitten
1 Knoblauchzehe, zerdrückt
1 mittelgroße Zwiebel, gehackt
190 g Reis
60 g Fadennudeln
600 ml Gemüse- oder Hühnerbrühe (siehe Tip, S. 23)
1 TL Würzmischung mit Zwiebeln und Kräutern
1 TL Würzmischung mit Knoblauch
1/2 TL Salz
1 EL feingehackte Petersilie

Eine Pfanne einsprühen (siehe Tip, S. 25) oder dünn mit Öl auspinseln. Champignons, Knoblauch und Zwiebel darin weich garen. Aus der Pfanne nehmen und beiseite stellen. Reis und Nudeln in die Pfanne geben und garen, bis der Reis glasig wird. Die Pilzmischung wieder in die Pfanne geben. Die Brühe hinzufügen und zum Kochen bringen, dann die Hitze reduzieren und die Gewürze zugeben. Zugedeckt etwa 20 Minuten garen, bis der Reis weich ist.

Pro Person 0,87 g Fett; 0,09 g gesättigte Fettsäuren; 170 Kalorien.

Auflauf von Mais, Limabohnen und schwarzen Bohnen

Dies ist ein Auflauf, ein Eintopf, ein Gericht zum Mitnehmen für jede Gelegenheit. Bereiten Sie es zu, garen Sie es, bis es eine goldbraune Kruste hat und lassen Sie es sich schmecken.

Für 6 Personen

300 g tiefgekühlte kleine Limabohnen oder Limabohnen aus der Dose
175 g Tiefkühl-Mais
80 g schwarze Bohnen aus der Dose, abgespült und abgetropft
2 TL Kräutersalz oder je 1/2 TL Salz und Pfeffer
500 ml Kondensmagermilch
1 Ei, verquirlt
2 Eiweiße, verquirlt
2 EL feingehackte Frühlingszwiebel
2 EL feingehackte Petersilie
Öl
40 g frische Weißbrotkrumen

Den Backofen auf 190 °C vorheizen. Limabohnen, Mais und schwarze Bohnen mit Kräutersalz und 250 ml Kondensmilch in einen Topf geben und zum Kochen bringen. Auf schwache Hitze reduzieren und den Topfinhalt 5 Minuten garen. Von der Kochstelle nehmen. Ei, Eiweiß und restliche Zutaten, ausgenommen Weißbrotkrumen, unter Bohnen und Mais heben und die Mischung in eine eingesprühte (siehe Tip, S. 17) oder dünn mit Öl ausgepinselte Form (etwa 20 x 20 cm groß) geben. Die Weißbrotkrumen darüberstreuen und dünn mit Öl bestäuben (siehe Tip, S. 17). Die Form für 20 bis 30 Minuten in den Backofen schieben, bis die Brotkrumen gebräunt sind und die Masse gestockt ist.
Mit Tomatensauce (siehe S. 143) servieren.

Pro Person 1,5 g Fett; 0,46 g gesättigte Fettsäuren; 195 Kalorien.

Rote und schwarze Bohnen auf Reis

Dieses Rezept kommt aus der Cajun-Küche von New Orleans. Würzig, scharf, exotisch und eine sehr, sehr peppige Version eines alten Standardrezeptes. Mit diesem Gericht können Sie eine ganze Armee versorgen, sechzehn der hungrigsten.

Und es ist ein Restetraum ... Sie können aus diesem Cajun-Gericht im Handumdrehen ein mexikanisches machen, indem Sie es aufwärmen und in eine Tortilla packen.

Noch zwei Ideen: Füllen Sie damit ein Omelett oder verwenden Sie es einfach als großartige Beilage zu allem und jedem. Wer braucht nicht gelegentlich etwas Kräftiges auf dem Tellerrand?

Für 16 Personen

je 225 g getrocknete kleine schwarze und rote Bohnen
je 125 g Frühlingszwiebeln, Staudensellerie und Zwiebel, gehackt
4 Knoblauchzehen, gehackt
220 g geräucherte Putenbockwurst, längs halbiert, dann in 3 mm dicke Scheiben geschnitten
100 g Putenschinken, in 5 mm große Würfel geschnitten
1,5 bis 2 l entfettete Hühner- oder Gemüsebrühe
1 TL Kräutersalz
1 TL rosa Pfefferkörner

Die Bohnen über Nacht in Wasser einweichen. Abtropfen lassen. Die übrigen Gemüse in einer beschichteten Pfanne etwa 2 bis 3 Minuten dünsten, bis sie glasig sind. Mit den Bohnen in einen Topf geben. Wurst und Schinken in der gleichen Pfanne braten, bis sie braun sind, dann 120 ml Brühe hinzufügen, um den Bodensatz zu lösen. Noch etwa 5 Minuten garen. Wurst, Schinken und Gewürze zu den Bohnen in den Topf geben. Die Zutaten mit Brühe bedecken und zum Kochen bringen. Die Hitze reduzieren, so daß der Topfinhalt noch köchelt, dann zugedeckt 1 1/2 Stunden garen, bis die Bohnen weich sind und die Sauce cremig ist.

Mit in Gemüsebrühe gegartem Reis servieren.

Pro Person 3,8 g Fett; 1,1 g gesättigte Fettsäuren; 340 Kalorien.

Chilibohnen

Für dieses Gericht vier Sterne. Unsere Testmütter fanden es toll. Sie schöpften die Bohnen mit Löffeln, Chips, Fingern oder was immer sie fanden, weil es so großartig bohnig schmeckt.

Servieren Sie es als Suppe oder Dip, nur mit ein paar fettarmen Chips, mit gegrillten Gemüsen, mit Huhn, mit Fisch. Dieses Gericht mit Aromen aus dem Südwesten ist großartig, egal, wie man es ißt.

Für 6 Personen

1 mittelgroße Zwiebel, gehackt
2 Knoblauchzehen, zerdrückt
30 g grüne Paprikaschote, gehackt
1 Dose schwarze Bohnen (420 g), abgetropft und abgespült
1 Dose kleine weiße Bohnen (420 g)
2 Dosen gehackte grüne Chilies (je 120 g)
1 große Dose stückige oder ganze Tomaten (840 g)
1 TL Kreuzkümmel
1/2 TL Chilipulver
Salz und Pfeffer nach Geschmack
gehackte Frühlingszwiebel, etwas Sauerrahm und ein wenig geriebener fettarmer Käse zum Garnieren

Zwiebel, Knoblauch und Paprikaschote in einem großen Topf dünsten. Die restlichen Zutaten, ausgenommen die Garnitur, hinzufügen und mindestens 30 Minuten köcheln lassen.
Die Bohnen mit Frühlingszwiebeln, Sauerrahm und Käse verzieren.

Pro Person 1,2 g Fett; 0,15 g gesättigte Fettsäuren; 145 Kalorien.

Baked Beans nach Bostoner Art

Wenn Sie je die Sitte der Siedler ausprobieren möchten, am Samstag im Backofen Bohnen zu garen und diese am Sonntag mit Klippfisch-Küchlein und dunklem Brot zum Frühstück zu servieren, dann beginnen Sie jetzt damit. Es handelt sich hier um weiße Bohnen, die stundenlang mit Melasse und Putenschinken gegart werden.

Es handelt sich um Bohnen nach Bostoner Art… dem perfekten Gericht auf Toast, der besten Beilage zu Gegrilltem.

Für 8 Personen
350 g getrocknete weiße Bohnen
150 g roher Putenschinken, gewürfelt
2 mittelgroße Zwiebeln, feingehackt
50 g hellbrauner Zucker
3 EL Melasse
1 TL Salz
1/2 TL Senfpulver
1/8 TL Pfeffer
60 ml Chilisauce

Die Bohnen nach Gebrauchsanweisung garen, bis sie weich sind. 500 ml Garflüssigkeit aufbewahren.
Schinken und Zwiebeln etwa 5 Minuten garen, bis die Zwiebeln weich sind. Zu den Bohnen geben und sorgfältig untermischen. Die restlichen Zutaten hinzufügen und unterrühren. Die aufbewahrte Garflüssigkeit über die Bohnen gießen und gut untermischen. Die Mischung in einem Topf mit Deckel 2 Stunden im 150 °C heißen Backofen garen. Den Deckel abnehmen und den Topfinhalt noch einmal 30 Minuten garen, bis die Sauce eine Kruste zu bilden beginnt.
Pro Person 0,4 g Fett; 0,2 g gesättigte Fettsäuren; 200 Kalorien.

Mexikanischer Reistopf

Servieren Sie diesen Reistopf mit etwas Eistee und einem Salat als Beilage, und Sie sind in. In und scharf. Auch dieses Gericht ist ein Restetraum. Wärmen Sie es auf, bereiten Sie einen Salat zu, und schon haben Sie ein Abendessen für vier bis sechs Personen.

Nehmen Sie sich ein paar fettarme Tortillachips und dippen und essen Sie, dippen und essen, dippen und essen...

Für 8 Personen

300 g Reis
Öl
1 TL Olivenöl
125 g Zwiebel, gehackt
1 Knoblauchzehe, zerdrückt
60 g Staudensellerie, gehackt
70 g grüne Paprikaschote, gehackt
350 g mageres Rinderhackfleisch
1 Dose (120 g) milde grüne Chilischoten, abgetropft und gehackt
1 TL Basilikum
3/4 TL Salz
1/2 TL schwarzer Pfeffer
1 Dose Kidneybohnen (420 g), abgespült und abgetropft
1 Dose Tomatensauce (420 g), mit 120 ml Brühe verdünnt

Den Backofen auf 175 °C vorheizen. Den Reis nach Gebrauchsanweisung garen. Eine 20 x 20 cm große ofenfeste Form einsprühen (siehe Tip, S. 17) oder dünn mit Öl auspinseln und beiseite stellen.
Das Olivenöl in einem beschichteten Topf erhitzen und die Zwiebeln weich garen, bis sie weich sind. Knoblauch, Staudensellerie und Paprika hinzufügen und einige Minuten garen. Hackfleisch und Chilies zugeben und braten, bis das Fleisch nicht mehr rosa ist. Basilikum, Salz, Pfeffer, Bohnen und die Hälfte der verdünnten Tomatensauce hinzufügen und garen, bis alles sorgfältig durchmischt ist.
Die Hälfte des Reis in der ofenfesten Form verteilen und die Fleischmischung daraufgeben. Mit dem restlichen Reis bedecken und die verbliebene Tomatensauce darübergeben. Für 30 bis 45 Minuten in den Backofen schieben.

Pro Person 7,5 g Fett; 2,6 g gesättigte Fettsäuren; 380 Kalorien.

Maisbrot

Maisbrot zu Chilies, für Picknicks, für Grillpartys. Als ich in New York arbeitete, bestellte ich morgens als erstes geeisten Kaffee und ein Maisbrötchen (die Maisbrotvariante des Nordens). Ich liebe diese Brötchen immer noch, wenn sie heiß sind und der Honig von ihnen heruntertropft.

Geben Sie geriebenen Käse, gehackte Chilies und frischen Koriander dazu, gehackte Frühlingszwiebeln und gebratenen und zerkrümelten Putenschinken oder gehackte Petersilie.

Für 8 Personen

150 g Mehl
225 g Maismehl
1 TL brauner Zucker
1/2 TL Salz
3/4 TL Natron
1 EL Backpulver
250 ml Buttermilch
200 g Mais aus der Dose, teilweise zerdrückt
3 Eiweiß, verquirlt
2 EL Honig

Den Backofen auf 200 °C vorheizen. Trockene und flüssige Zutaten getrennt vermischen, dann aus beiden einen Teig herstellen. In eine 22 cm lange beschichtete Kastenform geben und etwa 30 Minuten backen, bis das Brot zurückfedert, wenn man leicht auf die Mitte drückt. Für die Chili-Maisbrot-Pie den Honig weglassen und statt dessen 1/2 TL Würzmischung mit Zwiebeln und Kräutern zufügen.

Pro Person 0,1 g Fett; 0,3 g gesättigte Fettsäuren; 200 Kalorien.

Kräuter-Knoblauch-Brot

Nachdem Sie sich Ihrem neuen fettarmen Leben verschrieben haben, gehen Sie in ein italienisches Restaurant, und kaum sind Sie durch die Tür getreten, setzt man Ihnen Knoblauchbrot vor. Und wer kann dem Zeug schon widerstehen?

Nun, hier ist die Lösung des Problems. Machen Sie eine große Portion davon, stecken Sie es in Ihre Tasche, werfen Sie das andere Knoblauchbrot unter den Tisch und legen Sie Ihre neue, köstliche fettarme Version in den kleinen Korb mit der roten Serviette. Die werden das erst merken, wenn Sie gehen. Klar, wahrscheinlich können Sie Ihr kleines italienisches Lieblingsrestaurant nie wieder besuchen … dafür habe ich bisher keine Lösung gefunden, aber ich werde es Sie wissen lassen, wenn es mir gelingt.

Für 12 Personen

100 g Magerquark
2 Knoblauchzehen, zerdrückt
3 EL Parmesankäse
1 TL Kräutersalz
60 ml Magermilch
8 Basilikumblätter, feingehackt, oder
1 EL getrocknetes Basilikum
2 EL glattblättrige Petersilie, feingehackt, oder 1 EL getrocknete Petersilie
1 Baguette oder Sauerteigbrot mittlerer Größe

Alle Zutaten, ausgenommen Brot, Petersilie und Basilikum, im Mixer vermischen, dabei nur so viel Milch dazugeben wie nötig. Petersilie und Basilikum untermischen. Die Mischung auf das in Scheiben geschnittene Brot streichen.
Im 250 °C heißen Backofen 10 bis 15 Minuten bräunen.

Pro Person 1,35 g Fett; 0,5 g gesättigte Fettsäuren; 95 Kalorien.

Kräuter-Croûtons

Ein Croûton sollte nicht dick machen.

Ein Croûton sollte fettarm sein und griffbereit...

... wenn Sie etwas über einen Salat geben wollen.

... wenn Sie Lust darauf haben, Ihrer Tomatencremesuppe eine pikante, knusprige Note zu verleihen.

... wenn Sie Hunger haben, während Sie mit dem Auto in der ganzen Stadt unterwegs sind.

... wenn Sie vor dem Mittag- oder Abendessen einen Snack brauchen.

... wenn Sie Ihren besten Eintopf aufpeppen wollen.

Es ist an der Zeit, daß wir das Fett rausbekommen und das Croûton wieder rein... in alles!!!

Für 9 Personen

1 kleines Baguette oder Sauerteigbrot, nach Entfernen der Kruste in 2 cm große Würfel geschnitten
je 1 TL getrocknete Petersilie, Oregano, Basilikum, Knoblauchpulver und Zwiebelpulver
1/2 TL Selleriesalz
1/2 TL Knoblauchpulver
Olivenöl

Den Backofen auf 190 °C vorheizen. Getrocknete Kräuter und Gewürze in einem Folienbeutel vermischen, in dem auch die Brotwürfel Platz haben. Die Brotwürfel dünn mit Olivenöl einsprühen (siehe Tip, S. 17) oder einpinseln und zu der Würzmischung geben. Den Beutel kräftig schütteln. Die Würfel auf einem Backblech verteilen und für etwa 30 Min. in den Backofen schieben, bis sie knusprig sind. In einem Folienbeutel im Kühlschrank oder Gefriergerät aufbewahren.

Pro Person 0,8 g Fett; 0,17 g gesättigte Fettsäuren; 75 Kalorien.

Frühstücks-Burrito

Meine Art von Frühstück. Es gibt wohl niemanden, der nicht gerne Burritos zum Frühstück ißt, außer natürlich, er hat keinen Geschmack (was Geschmacksknospen betrifft, meine ich). Dies ist eine herzhafte komplette Mahlzeit. Geben Sie etwas Salsa (siehe S. 142) dazu, und Sie haben einen prämenstruellen Traum. Ich esse das Tag und Nacht, denn wenn etwas Salz und Gewürze enthält, bin ich dabei.

Für 4 Personen

12 Eiweiß, schaumig geschlagen
Öl
100 ml saure Sahne
50 g fettarmer Cheddar, gerieben
100 g Refried Beans (Bohnenmus)
4 fettfreie Weizen-Tortillas für Burritos
2 EL gehackter frischer Koriander
250 ml Salsa (fettfreie Tomatensauce)
2 EL gehackte Frühlingszwiebeln

Das Eiweiß in einer dünn mit Öl ausgepinselten beschichteten Pfanne rühren, bis es gestockt ist. Mit Sauerrahm und Käse vermischen. Das Bohnenmus auf die Tortillas streichen und mit etwas Koriander bestreuen. Die Eimischung in die Mitte geben. Die Seiten umklappen und die Tortillas aufrollen. Zum Erhitzen für 30 Sekunden in das Mikrowellengerät oder kurz in den Backofen stellen. Die Salsa daraufgeben und restlichen Koriander sowie Zwiebeln darüberstreuen. Dazu weitere Salsa und ein wenig saure Sahne reichen.

Pro Person 6,0 g Fett; 2,7 g gesättigte Fettsäuren; 300 Kalorien.

Arme-Ritter-Stäbchen

Das beste Frühstück im Land ist gerade noch verbessert worden. Ein guter Rat: Bereiten Sie die doppelte Portion zu. Reste schmecken prima und lassen sich großartig einfrieren. Wenn Sie nicht wissen, wie Sie Arme Ritter servieren sollen, sollte Ihnen das nicht egal sein. Hier ein paar Vorschläge: Servieren Sie sie mit heißem Ahornsirup, frischer Fruchtsauce oder einfach ein wenig Zimt. Probieren Sie sie mit Brombeerpüree (siehe S. 187) oder Pflaumen-Aprikosen-Sauce (siehe S. 154) darauf. Lecker!

Pssst … es ist wichtig, für dieses Rezept wirklich dickes Brot zu nehmen, je dicker, desto besser.

Für 4 Personen
180 ml Magermilch
1 TL Vanille-Extrakt
5 Eiweiß, verquirlt
1/2 TL gemahlener Zimt
1/4 TL geriebene Muskatnuß
2 TL Zucker oder 1 TL Honig
1/4 TL Salz
6 Scheiben Weißbrot vom Vortag, in 5 cm breite Streifen geschnitten
Öl

Alle Zutaten mit Ausnahme der Brotes vermischen. Die Brotstreifen in eine flache Form legen und mit der Eiermilch übergießen. 5 bis 10 Minuten stehen lassen. Eine dünn mit Öl ausgepinselte beschichtete Pfanne erhitzen und die Brotstreifen auf beiden Seiten bräunen.

Pro Person 1,5 g Fett; 0,4 g gesättigte Fettsäuren; 165 Kalorien.

Buttermilch-Pfannkuchen mit Blaubeeren

Eine Frage: Wenn Sie diese Pfannkuchen mit heißem Ahornsirup, Blaubeersauce (das Rezept finden Sie unten) oder Orangen-Vanille-Sauce (siehe S. 176) servieren, wer würde etwas dagegen haben?

Bereiten Sie die dreifache Menge zu, und frieren Sie sie ein. Dann haben Sie ein schnelles Frühstück oder einen Snack für spätabends. Ersetzen Sie die Blaubeeren durch gewürfelte Äpfel, Pfirsiche oder Bananen, und Sie werden nie wieder wegen Pfannkuchen in ein Restaurant gehen wollen, außer Sie möchten etwas Kohle ausgeben und ein paar Pfund zulegen.

Für 6 Personen

150 g Mehl
1 EL sowie 1 TL Zucker
1 TL Backpulver
1/2 TL Natron
250 ml Buttermilch
1 Ei
2 Eiweiß, verquirlt
60 ml Magermilch
160 g Tiefkühl-Blaubeeren
Öl

Alle trockenen Zutaten vermischen, dann Buttermilch, Ei, Eiweiß und Milch verrühren. Beide Mischungen sorgfältig vermengen, zum Schluß die Blaubeeren zufügen. Die Masse löffelweise in eine eingesprühte (siehe Tip, S. 17) oder dünn mit Sonnenblumenöl ausgepinselte beschichtete heiße Pfanne geben. Die Pfannkuchen auf beiden Seiten backen.

Blaubeersauce

160 g Tiefkühl-Blaubeeren, aufgetaut
2 EL Zucker
1/2 TL Zimt
Die Zutaten in einem Topf vermischen und erhitzen.

Pro Person 1,7 g Fett; 0,44 g gesättigte Fettsäuren; 160 Kalorien.

Rosinen-Mehrkorn-Kuchen

Könnte ein Rezeptname gesünder klingen? Vergessen Sie alles, was Sie jemals über Getreideflocken gedacht haben, und stellen Sie sich die besten Pfannkuchen vor, serviert mit Ahornsirup oder Pflaumen-Aprikosen-Sauce (siehe S. 154). Dann stellen Sie sich vor, wie sehr Sie es genießen werden, wenn Sie an einem faulen Sonntagmorgen im Bett liegen und sie verspeisen (selbst, wenn es Jahre her ist, daß Sie so etwas das letzte Mal taten, ist nichts verkehrt daran, es sich vorzustellen!!!)

Pssst ... Bereiten Sie die dreifache Menge zu und frieren Sie, was übrig bleibt, in Folienbeuteln ein. Sobald Ihnen dann der Sinn nach dieser Köstlichkeit steht, brauchen Sie sie nur herausholen und auf den Toaster zu legen. Ein schnelles Frühstück, ein großartiger Snack ... was könnte einfacher sein?

Für 4 Personen
100 g Mehl
100 g Mehrkorn- oder Haferflocken
1 TL Backpulver
40 g brauner Zucker
1 TL gemahlener Zimt
30 g Rosinen
30 g Haferflocken
1 Ei, verquirlt
2 Eiweiß, verquirlt
120 bis 180 ml Milch
Öl

Die trockenen Zutaten vermischen, dann Ei, Eiweiß und Milch. Beide Mischungen miteinander verrühren und mindestens 15 Minuten stehen lassen oder aber über Nacht. Eine beschichtete flache Pfanne einsprühen (siehe Tip, S. 17) oder mit Öl auspinseln. Den Teig in 10 cm großen Fladen in die Pfanne geben. Bei mittelhoher Temperatur auf jeder Seite etwa 2 Minuten garen, bis sie goldbraun sind.
Pro Person 2,9 g Fett; 0,7 g gesättigte Fettsäuren; 265 Kalorien.

Maisküchlein

Diese Maisküchlein werden mit warmem Ahornsirup serviert. Bei diesem Rezept ist es eine gute Idee, die doppelte Menge zuzubereiten. Bewahren Sie die Küchlein im Gefriergerät auf. Dann haben Sie sie jederzeit für Frühstück, Brunch, Mittagessen, Abendessen griffbereit.

Wenn Sie sie mit pochiertem Eiweiß und Salsa servieren, haben Sie ein mexikanisches Traumfrühstück. Wie wäre es, wenn Sie dem Teig zerkrümelten rohen Putenschinken hinzufügen, um Frühstücksküchlein zuzubereiten? Oder machen Sie auf vornehm: Geben Sie 250 g frisches Krebsfleisch und einen Eßlöffel Zitronensaft in den Teig. Servieren Sie diese Krebsfleischküchlein mit Sauce von gerösteten Paprikaschoten (siehe S. 141).

Für 7 Personen
200 g Mais aus der Dose
75 g Tiefkühl-Mais
1 Ei, verquirlt
2 Eiweiß, verquirlt
100 g Mehl
1 TL Backpulver
1 TL Universal-Würzmischung (siehe Tip, S. 23)
2 EL gehackte Petersilie
2 EL gehackte Frühlingszwiebel
1/2 TL Pfeffer
Öl

Den Dosenmais in den Mixer geben und glattpürieren. Sorgfältig mit den restlichen Zutaten vermischen. Eine beschichtete Pfanne einsprühen (siehe Tip, S. 17) oder dünn mit Öl auspinseln. Den Teig löffelweise in die Pfanne setzen und auf beiden Seiten bräunen.

Pro Person 1,0 g Fett; 0,28 g gesättigte Fettsäuren; 115 Kalorien.

Polenta

Maismehlbrei: Meistens voller Käse, Butter, Sahne und Speck. Doch das hat sich nun geändert. Jetzt gibt es diese leichte Polenta-Version: In einer beschichteten Pfanne gebraten und mit Champignon-Sauerrahm-Sauce (siehe S. 139) überzogen. Eine neue und bessere Polenta. Maismehl in seiner besten Form. Nicht einfach irgendein Mittag- oder Abendessen.

Als Frühstück: Lassen Sie das Kräutersalz weg, fügen Sie zerbröselten Putenschinken hinzu oder gießen Sie warmen Ahornsirup darüber. Ich finde, das klingt nach einem tollen Frühstück.

Für 8 Personen

250 g Maismehl
1 TL Kräutersalz oder Salz
1/2 TL Pfeffer
Öl
1 EL gehackte glattblättrige Petersilie

Das Maismehl mit 300 ml Wasser und Gewürzen vermischen. Dann nach und nach in 700 ml sprudelnd kochendes Wasser rühren und etwa 3 Minuten ununterbrochen weiterrühren (die Mischung ist dick und klebrig). Auf ganz schwache Hitze herunterschalten und die Polenta noch 10 Minuten garen, dabei gelegentlich umrühren. Die Masse in eine eingesprühte oder dünn mit Öl ausgepinselte Kastenform geben und nach dem Abkühlen in den Kühlschrank stellen. Die gut gekühlte Polenta in 1 cm dicke Scheiben schneiden. Eine beschichtete Pfanne einsprühen (siehe Tip, S. 17) oder dünn mit Öl auspinseln und die Polentascheiben auf beiden Seiten bräunen. Mit Petersilie bestreut servieren.

Pro Person 0,4 g Fett; 0,06 g gesättigte Fettsäuren; 110 Kalorien.

Einfache Pizza

„Einfach" und „Pizza", das gefällt Ihnen, stimmt's? Doch ich meine, wenn Sie sowieso schon Ihre Lebensweise ändern, warum nicht zum Beispiel auch Ihre Vorstellung von Pizza. Von nun an heißt es schnell und einfach. Mit all den traditionellen Aromen und italienischen Kräutern, mit jedem Gemüse und Gewürz, das Sie mögen.

Achtung: Verwenden Sie den richtigen Teig: Fertigprodukte reichen von sehr, sehr fettarm bis zu unglaublich fettreich!

Für 4 Personen

Öl
1 Packung tiefgekühlter Pizzateig
2 EL italienische Würzmischung
80 ml Tomatensauce
1 mittelgroße Zwiebel, in dünne Scheiben geschnitten
2 Knoblauchzehen, zerdrückt
1/2 grüne Paprikaschote, in Streifen geschnitten
120 g Champignons, in Scheiben geschnitten
2 mittelgroße Tomaten, in dünne Scheiben geschnitten
2 EL Parmesankäse
50 g Scheibletten (Halbfettstufe), in kleine Stücke geschnitten
2 EL Basilikum
2 EL glattblättrige Petersilie
Salz und Pfeffer nach Geschmack

Den Backofen auf 250 °C vorheizen. Ein Backblech oder eine Pizzaform einsprühen (siehe Tip, S. 17), dünn mit Öl einpinseln oder mit Backpapier abdecken. Den Teig aus der Packung nehmen und auf das Blech legen. Mit 1 TL italienischer Gewürzmischung bestreuen und die Tomatensauce daraufgeben. Zwiebel, Knoblauch, Pfeffer und Champignons verteilen. Die Tomatenscheiben ordentlich darauflegen. Mit Parmesan und Scheibletten sowie der restlichen italienischen Gewürzmischung, Basilikum, Petersilie, Salz und Pfeffer bestreuen. Die Pizza auf mittlerer Schiene etwa 20 Minuten backen.

Pro Person 5,8 g Fett; 2,9 g gesättigte Fettsäuren; 255 Kalorien.

Portionspizza

Wollen Sie sich wie die schlechteste Mutter auf Erden fühlen?
Suzi (meine Mitarbeiterin und ebenfalls Mutter) bringt es fertig, daß Sie sich wie Dreck fühlen. Als sie sich mit „dem ganz persönlichen kleinen Pizzagericht" beschäftigte, prüfte sie nicht nur alle Angaben und Zahlen wie auch den Geschmack, sondern veranstaltete auch noch ein kleines Fest.

Es kamen ein paar Freunde und Freundinnen ihrer Tochter, und sie verwandelte ihr Haus in eine Pizzabäckerei. Alle Gäste machten ihre eigene Pizzaversion.

Wissen Sie, was diese kreativen Genies taten? Emily nahm einen Rest Hackbraten aus diesem Buch und machte daraus einen Belag. Sheila rieb fettarmen Käse und bereitete die käsigste Pizza der Gruppe zu. Ein paar Kinder flippten mit Oliven, Chilies und Mais aus, und alle amüsierten sich prächtig.

Was für eine tolle Idee ... ich habe meinen Kindern versprochen, auch so etwas zu tun, um mir selbst zu beweisen, daß ich eine kreative Mutter bin. Das Buch ist beinahe fertig, und es gab immer noch keine Pizzaparty. Es sind Kleinigkeiten wie diese, die Ihr Selbstwertgefühl als Mutter wirklich zerstören können.

Für 1 Person

4 EL Tomatensauce (fettfreies Fertigprodukt)
1 fettfreie oder fettarme Weizen-Tortilla für Burritos
3 Champignons, in dünne Scheiben geschnitten
1/2 Zwiebel, in dünne Scheiben geschnitten
1/4 Paprikaschote, in dünne Streifen geschnitten
1/2 Zucchini, geraspelt
1 Knoblauchzehe, zerdrückt
1/2 TL Salz
1/2 TL Knoblauchpulver
1/2 TL Zwiebelpulver
2 EL geriebener Parmesankäse

Den Backofen auf 250 °C vorheizen. Die Tomatensauce auf die Tortilla streichen. Die Gemüse in der angegebenen Reihenfolge darauf verteilen. Mit Salz, Knoblauchpulver, Zwiebelpulver und Käse bestreuen. Auf ein Backblech setzen und für etwa 10 Minuten backen, bis der Käse geschmolzen ist.

Pro Person 4,8 g Fett; 2,45 g gesättigte Fettsäuren; 270 Kalorien.

Saucen, Dips und Aufstriche

Würzige Aufpepper mit Pfiff

Peppig, würzig, der Geschmack, der Pfiff, das ist es, was Sie immer ratlos macht. Was kann ich darübergeben? Wie gelingt es mir, daß es schmeckt?

Es ist etwas nötig … so etwas wie eine … Grillsauce … Auberginensauce … Salsa … Tomatensauce … Champignon-Zwiebel-Sauce … Joghurt-Koriander-Sauce … Zitronen-Kräuter-Sauce … und so weiter.

Peppen Sie Ihr Essen mit Saucen auf!

Sauce oder Dip von Auberginen

Dies ist der Superdip für Gemüse. Schmeckt auch herrlich mit Nudeln oder Reis. Ein Gericht für Auberginenliebhaber. Wenn Sie Auberginen allerdings nicht mögen, vergessen Sie dieses Rezept, denn es schmeckt durch und durch nach Aubergine.

Für 4 Personen
2 TL Olivenöl
1 mittelgroße Zwiebel, gehackt
1 große Aubergine, geschält und gewürfelt
4 kleine Knoblauchzehen, zerdrückt
1 TL Universal-Würzmischung (siehe Tip, S. 23)
Saft von 1 Zitrone
120 ml Gemüsebrühe
1 EL Petersilie
10 frische Basilikumblätter

Das Öl in einem Topf bei mittelhoher Temperatur erhitzen und die Zwiebel garen, bis sie weich wird. Die Aubergine hinzufügen. Wenn sie weich und leicht gebräunt ist, den Knoblauch dazugeben und weichgaren, dann Würzmischung und Zitronensaft hinzufügen. Den Topfinhalt in den Mixer geben und glattpürieren. Nur so viel Brühe hinzufügen, daß ein glattes Püree entsteht. In den letzten Sekunden Petersilie und Basilikum dazugeben.

Pro Person 2,7 g Fett; 0,37 g gesättigte Fettsäuren; 80 Kalorien.

Champignon-Sauerrahm-Sauce

Wenn Sie etwas für ein Omelett brauchen oder etwas Gutes, um Reis oder Nudeln aufzupeppen – wenn eine einfache Ofenkartoffel nach etwas schreit – wenn Polenta (siehe S. 132) irgendeiner Sauce bedarf... dann ist dies die Lösung! Frische Champignons, mit Zwiebeln, Knoblauch, Gewürzen und, falls gewünscht, etwas Wein sautiert. Perfekt.

Für 6 Personen

Öl
1 mittelgroße Zwiebel, halbiert und in dünne Scheiben geschnitten
1 große Knoblauchzehe, zerdrückt
250 g Champignons, in 3 bis 5 mm dicke Scheiben geschnitten
60 ml Wermut oder trockener Weißwein
600 ml Gemüse- oder Hühnerbrühe (siehe Tip, S. 25)
4 EL Mehl
1 TL Kräutersalz
2 EL gehackte Petersilie
1 EL Zitronensaft
2 EL saure Sahne (oder mehr nach Geschmack)

Eine 30 cm große Pfanne einsprühen (siehe Tip, S. 17) oder dünn mit Öl auspinseln und die Zwiebel bei hoher Temperatur braten, bis sie weich ist. Knoblauch und Champignons hinzufügen und garen, bis die Pilze Wasser ziehen. Die Zutaten aus der Pfanne nehmen. Wermut und 250 ml Brühe in die Pfanne geben und 1 Minute kochen. Über die Pilz-Zwiebel-Mischung gießen. Das Mehl in der Pfanne erhitzen, bis es leicht gebräunt ist. Restliche Brühe, Gewürze, Petersilie und Zitronensaft hinzufügen. Den Sauerrahm unterrühren. Die Pilzmischung wieder in die Pfanne geben und noch einmal 5 Minuten köcheln lassen.

Pro Person 0,7 g Fett; 0,1 g gesättigte Fettsäuren; 45 Kalorien.

Orangen-Koriander-Sauce

Sie sehen den Rezeptnamen und denken „bloß nicht" – Orange und Koriander zusammen muß ja furchtbar schmecken! Aber ich sage Ihnen, es ist köstlich. Sie sollten Koriander mögen, doch wenn Sie das tun, wird das vielleicht Ihre Lieblingssauce werden. Dippen Sie alle Arten von Gemüse hinein oder geben Sie sie über Huhn oder Fisch – und genießen Sie.

Für 4 Personen
120 ml frisch gepreßter Orangensaft
2 EL frisch gepreßter Zitronensaft
2 EL gehackter frischer Koriander
2 mittelgroße Knoblauchzehen
2 EL Tamari oder helle Sojasauce
1/8 TL Sesamöl
1 TL Universal-Würzmischung (siehe Tip, S. 23)
40 g rote Paprikaschote, feingehackt
2 Frühlingszwiebeln, feingehackt

Alle Zutaten, mit Ausnahme von Paprikaschote und Frühlingszwiebeln, im Mixer pürieren. Paprikaschote und Frühlingszwiebeln untermischen. Vor dem Servieren mindestens 1 Stunde stehen lassen.

Pro Person 0,25 g Fett; 0,04 g gesättigte Fettsäuren; 25 Kalorien.

Sauce von gerösteten Paprikaschoten

Dies ist eine neue, fettarme, herrliche Sauce der Neunziger, die Sie über alles geben können, das Ihnen einfällt.

Aus frischen, roten Paprikaschoten, geröstet und mit Knoblauch, Zitronensaft, frischen Tomaten, frischem Basilikum und Gewürzen zubereitet. Eine rasche Sauce direkt aus dem Sommergarten.

Für 4 Personen

2 rote Paprikaschoten
2 Knoblauchzehen
2 mittelgroße Tomaten, abgezogen und gehackt
2 EL frisch gepreßter Zitronensaft
1/2 TL Kräutersalz
1 TL Würzmischung mit Zwiebeln und Kräutern
2 EL gehacktes frisches Basilikum
2 EL gehackte glattblättrige Petersilie
2 EL Gemüsebrühe (falls nötig)

Die Paprikaschoten über Holzkohlenglut oder unter dem elektrischen Grill rösten, bis die Haut blasig wird und sich löst. Die Schoten für 10 Minuten in einen Folienbeutel legen. Danach sollte sich die Haut leicht abziehen lassen. Paprika mit den restlichen Zutaten in einen Mixer geben und kurz pürieren, so daß eine stückige Sauce entsteht.
Die Sauce kann zu Fisch, Gemüse, Nudeln, Huhn oder Schweinefleisch serviert werden.

Pro Person 0,35 g Fett; 0,04 g gesättigte Fettsäuren; 25 Kalorien.

Salsa

Eine Sauce, die sich für alles eignet. Mit frischen Tomaten, Chilies, roten Zwiebeln, Paprikaschoten, Knoblauch, reichlich Gewürzen und Zitronensaft können Sie einfach nichts falsch machen.

Gibt es etwas Einfacheres als diese Salsa? Pürieren Sie all die genannten Zutaten im Mixer und dann lassen Sie es sich schmecken. Ich liebe Salsa. Besonders diese Salsa. Ich dippe jeden fettarmen Chip hinein!

Für 16 Personen

6 bis 8 große Tomaten, abgezogen
1 frische Jalapeño-Chili oder andere scharfe Chilischote, abgezogen, entkernt und gehackt
1/2 grüne Paprikaschote, grobgehackt
2 Knoblauchzehen, zerdrückt
1/2 TL Salz
1 TL Würzmischung mit Knoblauch
2 EL gehackter frischer Koriander
2 EL frisch gepreßter Zitronensaft
60 g rote Zwiebel, feingehackt

Drei Tomaten, Chilischote, Paprikaschote, Knoblauch, Salz, Gewürzmischung, Koriander und Zitronensaft in den Mixer geben und kurz vermischen. Die restlichen Tomaten von Hand hacken und mit den pürierten Zutaten vermischen. Die gehackte Zwiebel hinzufügen. Auf Wunsch die Sauce mit weiterem Koriander bestreuen.

Pro Person 0,23 g Fett; 0,03 g gesättigte Fettsäuren; 20 Kalorien.

Sauce von frischen Tomaten

Eine kräftige Sauce für Spaghettini. Eine Sauce, die man über gegrillten Fisch schöpft. Oder eine dicke, herzhafte, herrliche Sauce einfach zum Löffeln.

Geben Sie ein paar Kichererbsen hinein, um sie dicker zu machen. Fragen Sie nicht, wie köstlich das schmeckt. Oder nehmen Sie ein Stück Sauerteigbrot, toasten Sie es, verteilen Sie etwas von Ihrer neuen fettarmen Lieblings-Tomatensauce darauf und streuen Sie ein wenig Parmesankäse darüber … schon haben Sie eine fettarme bruschetta.

Für 4 Personen

12 reife große Tomaten
3 Knoblauchzehen, zerdrückt
2 EL gehackte glattblättrige Petersilie
2 EL gehacktes Basilikum
1 kleine rote Zwiebel, in sehr dünne Scheiben geschnitten
1/2 TL Kräutersalz
1/4 TL weißer Pfeffer
60 ml Reisessig (siehe Tip, S. 31)
Salz und frisch gemahlener Pfeffer nach Geschmack

Die Tomaten abziehen: Dazu die Tomaten mit kochendem Wasser übergießen und 1 Minute stehen lassen. Dann vorsichtig herausheben und unter fließendem kaltem Wasser die Haut abziehen. Die Tomaten hacken und sorgfältig mit den anderen Zutaten vermischen.

Pro Person 1,3 g Fett; 0,18 g gesättigte Fettsäuren; 100 Kalorien.

Grillsauce

Holen Sie den Grill raus. Binden Sie die Schürze um Ihre schrumpfende Taille. Machen Sie sich bereit für ein tolles Grillessen, das Sie mit Grillsauce essen möchten. Diese Sauce sticht jede normale Grillsauce aus.

Mit Aromen, die Sie bei einer einfachen Sauce nie erwarten würden. Pflaumenmus, Aprikosenmarmelade, verschiedenste Gewürze, frischer Knoblauch. Glauben Sie nicht, daß diese Zutaten etwas Aroma geben werden? Das ist eine echte Grillsauce! Ihr Hühnerfleisch wird nicht mehr das gleiche sein. Gegrillte Gemüse nie mehr, was sie mal waren. Und noch etwas ... bereiten Sie eine Extraportion zu, denn mit übrigbleibender Sauce kann man viel machen.

Für 45 Personen
60 ml geklärter Melassesirup
60 ml Tamari oder salzarme Sojasauce
120 ml milde Chilisauce
120 ml Ketchup
120 ml Pflaumenmus
120 ml Aprikosenmarmelade
125 g Zwiebeln, feingehackt
20 g Zwiebelflocken
6 Knoblauchzehen, zerdrückt
1 TL Kräutersalz oder je 1/2 TL Selleriesalz und Pfeffer
1 EL Würzmischung mit Zwiebeln und Kräutern
Universal-Würzmischung nach Geschmack (siehe Tip, S. 23)

Alle Zutaten in einem tiefen Topf vermischen und 1 Stunde köcheln lassen. Wer es schärfer mag, kann 1 TL getrocknete und zerstoßene rote Chilies hinzufügen.

Pro Person 0,05 g Fett; 0,01 g gesättigte Fettsäuren; 25 Kalorien.

Weiße Grundsauce

Weiße Sauce ... wer kann ohne sie auskommen? Aber in der Vergangenheit hatte weiße Sauce einen schlimmen Ruf. Dank Susan Powters Küche hat sich das nun geändert. Wenn Sie nach der perfekten cremigen weißen Sauce als Grundlage etwa für Muschelsauce suchen, hier, bitte schön, ist das Rezept.

Für 18 Personen
3 EL Mehl, leicht gebräunt
500 ml Magermilch
1/2 TL Salz
1/8 TL weißer Pfeffer

Die Milch bei mittlerer Hitze nach und nach zum Mehl geben und mit einem Schneebesen rühren, bis die Sauce dick wird. Salz und Pfeffer nach Geschmack hinzufügen.

Pro Person 0,06 g Fett; 0,035 g gesättigte Fettsäuren; 15 Kalorien.

Variante:

Fügen Sie etwas Dijonsenf hinzu und schon haben Sie eine cremige Senfsauce, die perfekt zu gegrilltem Fisch oder Huhn, gedämpften Gemüsen, Spargel, Brokkoli und Blumenkohl oder einem warmen

Joghurt-Koriander-Sauce

Dies ist die Sauce, die Ihre Chili-Maisbrot-Pie (siehe S. 68) abrundet. Ihre Zubereitung dauert eine Minute, doch nehmen Sie sich die Zeit für eine Extraportion, denn sie eignet sich auch großartig zum Dippen von Tortillachips, macht aus Ihrem Eiweißomelett eine wahre Köstlichkeit und vollbringt mit Ihren Kartoffeln Wunder. Bereiten Sie ein Salat-Dressing, indem Sie sie mit Milch verdünnen und noch einmal nach Geschmack nachwürzen. Sie eignet sich perfekt für alle Salate. Stellen Sie sie in den Kühlschrank und holen Sie sie heraus, wann immer Sie einen koriandrigen Dip brauchen.

Für 8 Personen

450 ml stichfester milder Magermilchjoghurt
Saft von 1 Zitrone
30 g frischer Koriander, gehackt (1 Strauß)
60 g Frühlingszwiebeln, gehackt
Salz und Pfeffer nach Geschmack

Alle Zutaten sorgfältig vermischen und kalt stellen.

Pro Person 0,18 g Fett; 0,07 g gesättigte Fettsäuren; 30 Kalorien.

Sauce „Alfredo"/Carbonara

So vornehm, daß ich es kaum aussprechen kann, aber herrlich zum Essen, einfach wunderbar...

Dies ist ein „umwerfendes" Gericht. Leute werden umgehauen (so wie unsere großartigen Testdamen) von dieser fettarmen, gehaltvollen, herrlich schmeckenden Sauce. Perfekt auf Nudeln, Ofenkartoffeln, Toast, Kräckern, gedämpften Gemüsen ... einfach auf allem. Wenn Sie also etwas Umwerfendes in Ihrem Leben brauchen...

Für 4 Personen

2 mittelgroße Knoblauchzehen
Öl
250 ml Geflügel-Sauce (Fertigprodukt)
100 ml milder Magermilchjoghurt
200 g Magerquark
60 ml Gemüse- oder Hühnerbrühe (siehe Tip, S. 25)
2 EL geriebener Parmesankäse
2 EL gehackte frische Basilikumblätter oder 1 TL getrocknetes Basilikum
1 EL feingehackte Petersilie

Den Knoblauch 3 bis 5 Minuten in einer eingesprühten (siehe Tip, S. 17) oder dünn mit Öl ausgepinselten Pfanne garen. Die restlichen Zutaten in den Mixer geben und glattpürieren.

Pro Person 3 g Fett; 1,9 g gesättigte Fettsäuren; 125 Kalorien.

Für eine Carbonara 100 g gekochten Putenschinken bräunen und in 5 mm breite und 5 cm lange Streifen schneiden.

Pro Person 4,7 g Fett; 2,5 g gesättigte Fettsäuren; 160 Kalorien.

Spaghettisauce

Hier ist sie. Die Sauce, die Sie jedem servieren können, der eine aromareiche Sauce zu Nudeln möchte. Wenn Sie auf Fleisch verzichten wollen, verwenden Sie anstelle von Tatar eine größere Menge Getreide-Burger. Sie werden den Unterschied nicht schmecken.

Für 10 Personen
Olivenöl
350 g Tatar
1 große Zwiebel, gehackt
4 Knoblauchzehen, zerdrückt
500 g Champignons, in kleine Stücke geschnitten
2 fettarme Getreide-Burger, zerteilt
1 Dose pürierte Tomaten (840 g)
1 Dose Tomatenstückchen (840 g)
1 Dose Tomatensauce (840 g)
1 EL getrocknetes Basilikum
1 TL getrockneter Oregano
1/2 TL getrockneter Rosmarin
1 EL frische glattblättrige Petersilie oder
2 EL getrocknete Petersilie
1 EL Kräutersalz
1 Würfel Rinderbouillon (siehe Tip, S. 25), in 250 ml Wasser aufgelöst

Einen großen Topf mit Olivenöl auspinseln und das Fleisch bräunen. Herausnehmen. Zwiebel, Knoblauch und Pilze hineingeben und weichdünsten. Restliche Zutaten und Fleisch hinzufügen. Die Sauce 45 bis 60 Minuten köcheln lassen, nötigenfalls etwas Wasser hinzufügen, falls sie zu dick wird.

Pro Person 5,0 g Fett; 1,8 g gesättigte Fettsäuren; 160 Kalorien.

Tip: Fertige Getreide-Burger, in Bioläden und Reformhäusern erhältlich, sind gewöhnlich sehr fettreich. Kaufen Sie lieber Mischungen, aus denen sich schnell fettarme Burger zubereiten lassen.

Muscheldip

Für alles, was gedippt werden muß, gibt es nichts Besseres als Muscheldip, und Ihr neuer Muscheldip ist besser als jeder Muscheldip, den Sie jemals probiert haben ... Geben Sie ihn über Ihre Ofenkartoffel. Holen Sie die fettarmen Chips und den Muscheldip heraus und naschen Sie nach Herzenslust. Streichen Sie ihn auf ein getoastetes Brötchen. Muscheldip auf allem, jetzt, wo Sie das Rezept haben!!!

Für 8 Personen
450 ml milder, nötigenfalls auf die Konsistenz von Sauerrahm abgetropfter Magermilchjoghurt
1 Glas Muschelfleisch (180 g), abgetropft und gehackt, die Flüssigkeit aufbewahren
3 EL Zwiebelflocken
1/2 Würfel klare Suppe, in 60 ml Muschelwasser aufgelöst
1/2 TL Kräutersalz

Alle Zutaten vermischen. Überschüssiges Muschelwasser weggießen. Den Dip vor dem Servieren mindestens 1 Stunde kalt stellen.

Pro Person 0,25 g Fett; 0,14 g gesättigte Fettsäuren; 40 Kalorien.

Hühnerfleischpastete

Iiiiigitt! Sie denken Dose, breiig, undefinierbar, stimmt's?

Verständlich, denn offengestanden hat dieses streichfähige Hühnerfleischzeug in den kleinen Aluminiumdosen stets ein bißchen wie Hundefutter ausgesehen und gerochen. Wir müssen zugeben, daß es nie den besten Ruf hatte. Aber das ändert sich nun.

Wir lassen die Hühnerfleischpastete wiederauferstehen. Wenn Sie diese hier auf einem Brötchen mit Tomate, Zwiebel, Salat, Kapern oder irgend etwas anderem Salzigen essen, werden Sie verstehen, warum.

Oder Sie streichen sie auf Baguette, streuen etwas Parmesankäse darüber und setzen das Ganze unter den Grill. Füllen Sie die Pastete in eine Tomate. Auf Kräckern können Sie sie zusammen mit Ihrer Hackbratenpastete servieren.

Für 6 Personen

2 Hähnchenbrustfilets
350 ml entfettete Hühnerbrühe
1 Knoblauchzehe
1 Frühlingszwiebel, gehackt
2 EL Petersilie
100 g Frischkäse (siehe S. 155)
1/8 TL weißer Pfeffer
1/2 TL Selleriesalz
1/2 TL Universal-Würzmischung (siehe Tip, S. 23)

Die Hähnchenbrust bei schwacher Hitze etwa 15 Minuten in der Brühe garen. Herausnehmen und in den Mixer oder die Küchenmaschine geben. (Die Brühe für einen anderen Verwendungszweck aufbewahren.) Die restlichen Zutaten hinzufügen und glattpürieren. Den Aufstrich vor dem Servieren kalt stellen.

Pro Person 1 g Fett; 0,3 g gesättigte Fettsäuren; 70 Kalorien.

Specksauce

Unmöglich. Eine Sauce mit diesem Namen kann nicht fettarm sein und gut schmecken, werden Sie denken, nicht wahr?

Also, Ihr Neinsager der alten fettreichen Welt, probiert dieses Rezept und sagt mir, daß es nicht möglich ist!!!

Sauce über alles, das ist mein Motto.

Für 8 Personen

150 g roher Putenschinken
2 Frühlingszwiebeln, sehr fein gehackt
3 EL Mehl
250 ml entfettete Hühnerbrühe
250 ml Kondensmagermilch
1 EL feingehackte Petersilie (nach Belieben)
1/2 TL Pfeffer

Den Schinken in einer beschichteten Pfanne braten, bis er kroß ist. In der letzten Minute die Zwiebeln hinzufügen. Die Zutaten aus der Pfanne nehmen. Den Schinken fein hacken und beiseite stellen. Das Mehl in der Pfanne 2 Minuten bräunen. Brühe und Milch nach und nach hinzufügen und rühren, bis eine dicke, glatte Sauce entstanden ist. Schinken und Zwiebeln hinzufügen, dann, sofern verwendet, Petersilie und Pfeffer. Mit Kräckern, Kartoffeln oder Eiern servieren.

Pro Person 0,3 g Fett; 0,01 g gesättigte Fettsäuren; 60 Kalorien.

Champignon-Zwiebel-Sauce

Wir haben uns viel Mühe gegeben, diese supercremige, superpilzige, fettarme Sauce zuzubereiten. Was sonst könnte man (außer Tomatensauce) über Fleischbällchen geben als Champignonsauce? Über Kartoffelbrei? Truthahn? Hackbraten?

Was sonst würden Sie über all das geben, was einer Sauce bedarf? Es ist eine Sauce ohne Reue...

Für 6 Personen

250 g Champignons, in Scheiben geschnitten
1 mittelgroße Zwiebel, in Scheiben geschnitten
1 Knoblauchzehe, zerdrückt
1 EL Zwiebelflocken
Öl
40 g Mehl
700 ml Gemüse- oder Hühnerbrühe (siehe Tip, S. 25)
250 ml Kondensmagermilch
1 TL Kräutersalz

Champignons, Zwiebel und Knoblauch in einer beschichteten Pfanne garen, bis die Pilze Wasser ziehen und weich werden. Herausnehmen und beiseite stellen. Einen Topf einsprühen (siehe Tip, S. 17) oder dünn mit Öl auspinseln und das Mehl bräunen. Die Brühe hinzufügen und mit dem Schneebesen kräftig rühren, bis eine dicke, glatte Sauce ist. Die Kondensmilch dazugeben, dann Champignons und Gewürze. Die Sauce bei mittelhoher Temperatur auf etwa 700 ml einkochen lassen.

Pro Person 1,3 g Fett; 0,4 g gesättigte Fettsäuren; 60 Kalorien.

Gemüse- oder Geflügelsauce

Warm. Wohltuend. Mit allem. Daran denke ich, wenn ich das Wort Sauce höre. Ich fragte neulich einen Freund, was ihm zu Sauce einfallen würde, und er sagte: „Sauce ist klasse, sie ist in Ordnung." Typisch Mann, finden Sie nicht? Aber es stimmt. Sauce ist klasse, und noch besser ist diese Sauce, die alles ist, nur nicht fettreich.

Niemand braucht Ihnen zu sagen, was Sie mit Sauce tun müssen. Machen Sie sie einfach, und lassen Sie es sich schmecken.

Für 4 Personen

2 EL Mehl, gebräunt
250 ml Gemüse- oder Geflügelbrühe (siehe Tip, S. 25)
1/2 TL Kräutersalz
1/2 TL Würzmischung mit Zwiebeln und Kräutern
1/2 Würfel Geflügelbouillon

Mehl und Brühe bei mittlerer Hitze mit dem Schneebesen kräftig verrühren, bis eine glatte Sauce entstanden ist. Die restlichen Zutaten hinzufügen und 10 Minuten köcheln lassen. Diese dicke Sauce hat einen kräftigen Geschmack. Damit sie milder wird, reduziert man die Menge an Gewürzen.

Pro Person 0,4 g Fett; 0,04 g gesättigte Fettsäuren; 25 Kalorien.

Pflaumen-Aprikosen-Sauce

Pflaumen-Aprikosen-Sauce. Ich weiß, was Sie denken. „Vulgär, alles, was mit Backpflaumen zu tun hat." Aber überlegen Sie mal: Ein vollwertiges Nahrungsmittel. Süß, süß, süß. Gut für Ihren Körper, wenn Sie wissen, was ich meine.

Und diese einfache Mischung aus Orangensaft, Backpflaumen, Trockenaprikosen und etwas Honig schmeckt großartig auf Toast und Brötchen oder zu gegrilltem Fleisch. Verwenden Sie sie, wie Sie eine gute Grillsauce verwenden würden. Einmal anders, einfach und köstlich.

Für 20 Personen
175 g entsteinte Trockenpflaumen
175 g Trockenaprikosen
250 ml Orangensaft
1 1/2 EL Honig
1/4 TL Zimtpulver

Pflaumen und Aprikosen 45 Minuten im Orangensaft quellen lassen. Mit Honig und Zimt in den Mixer geben und glattpürieren. Es bleiben kleine Pflaumenstücke sichtbar.

Pro Person 0,13 g Fett; 0,012 g gesättigte Fettsäuren; 65 Kalorien.

Zitronen-Kräuter-Sauce

Die perfekte Sauce zum Beispiel zu gefüllten Paprikaschoten (S. 98). Oder zu gedämpften, frischen Gemüsen. Wow, was für eine Sauce…

Für 10 Personen
250 ml weiße Sauce (siehe S. 145)
2 Knoblauchzehen, gehackt und sautiert
2 EL gehackte Petersilie
2 EL gehackte Frühlingszwiebeln
2 EL Zitronensaft

Alle Zutaten vermischen und erhitzen. Wer es ein wenig scharf mag, fügt 1/2 TL getrocknete, zerstoßene rote Chilischoten hinzu.

Pro Person 0,075 g Fett; 0,035 g gesättigte Fettsäuren; 15 Kalorien.

Frischkäse aus Joghurt

Bereiten Sie einmal pro Woche eine große Portion von diesem fast fettfreien Frischkäse zu und stellen Sie ihn in einem Behälter mit festschließendem Deckel in den Kühlschrank. Verwenden Sie ihn, wie Sie Frischrahmkäse verwenden würden – für alles.

Achtung: Lesen Sie das Etikett Ihres Joghurts sorgfältig. Er darf keine Bindemittel wie Gelatine oder Stärke enthalten, sonst funktioniert es nicht.

Für etwa 8 Personen
500 ml Magermilchjoghurt (ohne Bindemittel)
1/2 TL Salz (nicht bei Verwendung für Süßspeisen)

Einen Durchschlag mit Kaffeefilterpapier oder Nesseltuch auslegen und auf eine Schüssel setzen. Den Joghurt hineingeben und bei Zimmertemperatur über Nacht stehen lassen. Die Flüssigkeit aus der Schüssel weggießen. Den Käse gegebenenfalls salzen und abgedeckt in den Kühlschrank stellen. Er wird wie Frischrahmkäse verwendet.

Pro Person 0,06 g Fett; 0,06 g gesättigte Fettsäuren; 24 Kalorien.

Desserts

Süße Köstlichkeiten zum schlanken Schluß

Sie sind also ein Leckermaul, aber wer ist das nicht? Jeder, der irgendwann einmal beim Zahnarzt war und einen Lutscher für das Stillhalten bekommen hat, lernt, Lutscher zu lieben.

Dies bedeutet nicht, daß Sie zu einem fettreichen, vernaschten, Ohne-Hoffnung-daß-sich-je-etwas-ändert-Leben verdammt sind. Wenn Sie Lust auf ein Dessert haben, dann essen Sie eines. Eine fettärmere Version Ihrer Lieblingsnachspeise – nachdem Sie eine ordentliche fettarme Mahlzeit gegessen haben … Frühstück, Mittagessen, Abendbrot.

Es ist nichts verkehrt an Süßem und Leckerem, doch denken Sie daran: je hochwertiger der Treibstoff, desto besser die Leistung.

Apfelauflauf

Sie wollen wissen, wie gut er ist? Er sieht wie ein Kuchenbelag aus und schmeckt auch so, aber das ist er nicht. Kräftig, dick … lecker. Wenn Sie Lust auf ein sättigendes, süßes Dessert haben, holen Sie sich etwas Apfelauflauf, und lassen Sie es sich gut gehen. Servieren Sie ihn mit Vanillesauce (siehe S. 184) oder Eiscreme und Karamelsauce (siehe S. 185).

Noch ein paar Vorschläge: Er eignet sich großartig als Beilage zu festlichem Puten- oder Hühnerbraten. Wollen Sie eine vegetarische Mahlzeit? Nehmen Sie eine im Ofen gegarte Batate, Ihr Lieblingsgemüse und Apfelauflauf als Beilage. Und morgens ist er auf Haferflocken unschlagbar…

Für 6 Personen
60 g Brotkrumen von frischem oder altbackenem Brot
50 g kalorienreduzierte Margarine oder 60 ml Rapsöl
400 g aromatische Äpfel, geschält und in Scheiben geschnitten
80 g hellbrauner Zucker
1 1/2 TL gemahlener Zimt
1/2 TL gemahlenes Piment
1/4 TL geriebene Muskatnuß
3/4 TL Salz
1 TL abgeriebene Schale von 1 unbehandelten Zitrone
2 TL Vanille-Extrakt
125 g Rosinen
2 EL Zitronensaft
6 EL naturtrüber Apfelsaft

Den Backofen auf 175 °C vorheizen. Brotkrumen und Margarine vermischen. Die Hälfte der Mischung auf dem Boden einer ofenfesten Form verteilen. Zucker, Gewürze, abgeriebene Zitronenschale und Vanille-Extrakt vermischen. Die Hälfte der Apfelscheiben in der Backform verteilen und mit der Zuckermischung bestreuen. Die Hälfte von Rosinen, Zitronensaft und Apfelsaft darübergeben. Restliche Apfelscheiben, Zuckermischung, Rosinen und Saft wie oben hinzufügen und zum Schluß die restlichen Brotkrumen verteilen.
Die Form abdecken und für 35 Minuten in den Backofen schieben. Die Abdeckung entfernen und den Auflauf noch einmal 20 Minuten bei 200 °C backen.

Pro Person 4,5 g Fett; 0,8 g gesättigte Fettsäuren; 260 Kalorien.

Apfel-Crumble

Sie brauchen dieses Gericht gar nicht zu essen ... bereiten Sie es einfach zu, um Ihr Haus herrlich nach Äpfeln duften zu lassen. Dieses knusprige, süße Dessert aus Äpfeln und Aromazutaten ist, direkt aus dem Backofen mit Vanillesauce (siehe S. 184) oder Vanillejoghurt serviert, einfach unschlagbar.

Gute Idee: Servieren Sie es zum Frühstück und erzählen Sie allen, Sie hätten dafür die ganze Nacht in der Küche gestanden ... klingt gut, finde ich ...

Serviervorschläge: Reichen Sie dazu Magermilch. Fügen Sie etwas fettarmes Müsli hinzu. Geben Sie einen gehäuften Löffel Haferflocken darauf. Als Dessert ... Frühstück ... Snack. Phantastisch!!!

Für 6 Personen

500 g Äpfel, geschält und in Scheiben geschnitten
1 EL Maisstärke
250 ml ungesüßter Beeren- oder Apfelsaft
1 TL Butter-Vanille-Aroma
2 EL Wasser
75 g Mehl
20 g Instant-Haferflocken
40 g brauner Zucker
1 TL gemahlener Zimt
1/2 TL Salz

Den Backofen auf 190 °C vorheizen.
Die Apfelscheiben in der Maisstärke wenden. In einen 2 l fassenden Topf oder eine tiefe ofenfeste Pieform geben. Butteraroma und Wasser verrühren. Mehl, Haferflocken, Zucker, Zimt und Salz vermischen und mit dem Butteraroma anfeuchten, so daß eine krümelige Mischung entsteht. Über die Äpfel streuen.
Die Form für etwa 45 Minuten in den Backofen schieben, bis die Oberfläche knusprig ist. Falls der Auflauf nicht braun wird, ihn für 3 bis 5 Minuten unter den Grill setzen, aber beobachten, damit er nicht verbrennt.

Pro Person 0,6 g Fett; 0,1 g gesättigte Fettsäuren; 140 Kalorien.

Apfelpie

Ich lege hier vielleicht Hand an heilige Dinge, doch ich mußte einfach eine fettärmere Version dieses durch und durch amerikanischen Rezeptes erfinden. Die neue und verbesserte Version dieses amerikanischen Standardkuchens hat eine etwas klebrige Konsistenz. Es ist eine Version der neunziger Jahre. Denken Sie an kleinere Kleidergrößen; dann haben Sie, glaube ich, kein Problem, sich in diesen Apfelkuchen zu verlieben.

Für 8 Personen

Boden

225 g Mehl
4 EL Zucker
1/2 TL Salz
50 g kalorienreduzierte Margarine
1/2 TL gemahlener Zimt
1/2 TL geriebene Muskatnuß
1 Eiweiß, verquirlt
3 bis 4 EL naturtrüber Apfelsaft, gekühlt
Öl

Alle Zutaten mit Ausnahme des Apfelsafts vermischen. Wenn eine krümelige Mischung entstanden ist, gerade so viel Apfelsaft hinzufügen, daß sich der Teig zu einer Kugel formen läßt. In Klarsichtfolie eingewickelt für 2 Stunden in den Kühlschrank legen, dann 3 mm dick ausrollen. In eine eingesprühte (siehe Tip, S. 17) oder dünn mit Öl ausgepinselte Kuchenform legen und die Ränder zurechtschneiden.

Belag

4 Granny Smith, geschält und nach Entfernen des Kerngehäuses in dünne Scheiben geschnitten
60 ml naturtrüber Apfelsaft
1 TL Butter-Vanille-Aroma
1 TL gemahlener Zimt
1/2 TL geriebene Muskatnuß
80 g Zucker
1/2 TL Salz
2 EL Maisstärke
60 ml Kondensmagermilch

Den Backofen auf 230 °C vorheizen. Apfelscheiben, Saft, Butteraroma, Zimt, Muskatnuß und Zucker in einem Topf vermischen. Zum Kochen bringen und zugedeckt 10 Minuten köcheln lassen (oder in einem mikrowellengeeigneten Gefäß vermischen und auf hoher Stufe 5 Minuten im Mikrowellengerät garen).
Die restlichen Zutaten sorgfältig untermischen. Die Mischung auf dem Boden einer ofenfesten Form verteilen und die Form für 10 Minuten in den Backofen schieben. Dann die Hitze auf 175 °C reduzieren und den Kuchen noch einmal 45 Minuten backen. 20 Minuten vor Ende der Backzeit die Brotkrumenmischung darübergeben.

Pro Person 3,4 g Fett; 0,83 g gesättigte Fettsäuren; 350 Kalorien.

Brotkrumenmischung

40 g frische Weißbrotkrumen
80 g Datteln, gehackt
80 g brauner Zucker

Die Zutaten im Mixer sorgfältig vermischen.

Bratäpfel

Wenn Sie wollen, daß es im ganzen Haus riecht, als hätten Sie tagelang gebacken, dann machen Sie diese Äpfel. Sie duften wundervoll, sehen unbeschreiblich aus, und für einen kalten Winterabend könnte es nichts Besseres geben. Pssst... wärmen Sie sie auf und geben Sie etwas Joghurt-Orangen-Sauce darauf (siehe S. 186).

Für 4 Personen

30 g Rosinen
50 g Trockenaprikosen, grobgehackt
40 g entsteinte Trockenpflaumen, gehackt
1/2 TL gemahlener Zimt
1/4 TL geriebene Muskatnuß
2 EL Orangensaft
60 ml Ahornsirup oder Honig
1/2 TL abgeriebene Schale von 1 unbehandelten Orange
4 große Äpfel, in der Mitte ausgehöhlt, einen Boden und eine etwa 2 cm dicke Wand stehengelassen
250 ml heißer Apfelsaft

Den Backofen auf 220 °C vorheizen. Rosinen, Aprikosen, Pflaumen, Gewürze, Orangensaft, Ahornsirup und Orangenschale vermischen. Die Mischung in die Äpfel füllen. Die Äpfel in eine flache ofenfeste Form setzen und den kochenden Apfelsaft um sie herumgießen.
Für 30 Minuten in den Backofen schieben, bis sie weich sind.

Pro Person 1,06 g Fett; 0,2 g gesättigte Fettsäuren; 275 Kalorien.

Gebackene Äpfel und Bananen

Servieren Sie dieses Obst auf Haferflocken, Vanille-Joghurt-Eis, Vollkorntoast, Armen Rittern, Waffeln. Oder essen Sie es einfach so.
Mit diesen Äpfeln und Bananen können Sie nichts falsch machen!

Für 4 Personen

2 Äpfel, geschält und nach Entfernen des Kerngehäuses in dünne Scheiben geschnitten
2 Bananen, längs halbiert und in der Mitte geteilt
Saft von 1/2 Zitrone
60 g dunkelbrauner Zucker
40 g hellbrauner Zucker
250 ml Apfelsaft
1/2 TL gemahlener Zimt
1 TL Vanille-Extrakt

Den Backofen auf 230 °C vorheizen.
Äpfel und Bananen vermischen und in eine flache ofenfeste Form geben. Mit dem Zitronensaft beträufeln.
Die restlichen Zutaten mit Ausnahme des Vanille-Extraktes in einem Topf vermischen und kochen, bis sich der Zucker aufgelöst hat. Von der Kochstelle nehmen und Vanille-Extrakt hinzufügen, dann über Bananen und Äpfel gießen. Für 20 Minuten in den Backofen schieben, bis der Saft blubbert.

Pro Person 0,56 g Fett; 0,15 g gesättigte Fettsäuren; 230 Kalorien.

Kirsch-Pfirsich-Pie

Diese Pie ist an einem Regentag mit den Kindern die Rettung! Ich sage Ihnen, sie ist im Handumdrehen zubereitet. Sie werfen einfach ein paar Zutaten zusammen und werden sich wie die kreativste Mutter der Welt fühlen. Geben Sie etwas fettarme Eiscreme oder Joghurt darauf und fertig. Süß, frisch, einfach. Vier Sterne von den Testmüttern und mir, fettarm und unterhaltsam für die Kids. Kann es etwas Besseres geben?

Für 8 Personen

260 g Mehl
1 1/2 TL Backpulver
3/4 TL Salz
2 EL Zucker
2 EL kalorienreduzierte Margarine
160 ml Magermilch
350 g entsteinte Kirschen oder Tiefkühl-Kirschen
2 Pfirsiche, abgezogen und in Scheiben geschnitten
2 EL frisch gepreßter Zitronensaft
3/4 TL gemahlener Zimt
2 EL Tapiokastärke
1 TL Vanille-Extrakt
125 g Zucker

Den Backofen auf 220 °C vorheizen. Mehl, Backpulver, Salz und 2 EL Zucker vermischen. Die Margarine zufügen und einarbeiten, so daß eine krümelige Mischung entsteht. Milch unterrühren, bis sich der Teig zu einer Kugel formen läßt. Durchkneten, dann gut 1 cm dick ausrollen. Mit einem Ausstecher acht Kekse ausstechen. Die restlichen Zutaten vermischen und in eine 20 cm große beschichtete ofenfeste Form geben.
Die Kekse auf die Fruchtmischung setzen und die Form für 35 Minuten in den Backofen schieben, bis die Kekse goldbraun sind.

Pro Person 1,9 g Fett; 0,34 g gesättigte Fettsäuren; 190 Kalorien.

Zitronen-Käsekuchen

Vier Sterne für diesen fettarmen Käsekuchen. Für das Käsekuchenessen muß man keine Vorschläge machen. Wie ich am liebsten Käsekuchen esse? Langsam. Direkt aus dem Kühlschrank. Wenn ich wirklich wütend oder frustiert bin.

Oder geben Sie Ihre Lieblingsfrüchte darauf: Aprikosen, Himbeeren, Blaubeeren... lecker. Außerdem sollten Sie diesen fettarmen, käsigen 4-Sterne-Kuchen unbedingt mit einer Pfütze Schokoladensauce (siehe S. 188) oder Karamelsauce (siehe S. 185) probieren.

Für 8 Personen

Öl
30 g Vollkornzwieback, zerkrümelt
1 bis 2 EL Zucker
175 g Zucker
500 g Magerquark
1 Packung kalorienreduzierter Frischrahmkäse
1 Ei
4 Eiweiße
2 EL frisch gepreßter Zitronensaft
1 EL abgeriebene Schale von 1 unbehandelten Zitrone
1 TL Vanille-Extrakt

Eine Springform einsprühen (siehe Tip, S. 17) oder dünn mit Öl auspinseln. Für den Boden 1 bis 2 EL Zucker und Zwiebackkrümel vermischen und in die Form geben. Die Form schütteln und drehen, so daß die Seiten dünn überzogen werden und der Boden mit einer gleichmäßigen Schicht bedeckt ist.

Den Backofen auf 175 °C vorheizen. Zucker, Quark und Frischrahmkäse cremig rühren, dann die restlichen Zutaten untermischen. Die Masse in die Form geben und für etwa 45 Minuten in den Backofen schieben, bis sie fest ist.

Pro Person 3,14 g Fett; 0,9 g gesättigte Fettsäuren; 200 Kalorien.

Hafer-Rosinen-Kekse

Die neue Nascherei vom Weihnachtsmann. Machen Sie es sich mit diesen Keksen im Bett gemütlich. Dippen Sie sie in Ihre fettarme Eiscreme. Streichen Sie fettarmen Joghurt zwischen zwei Kekse. Diese süßen, knusprigen Hafer-Rosinen-Kekse.

Ergibt 48 Stück

60 g Haferkleie
75 g Vollkornweizenmehl
75 g Mehl Type 405
1/4 TL gemahlenes Piment
1/2 TL gemahlener Zimt
1 TL Natron
160 g brauner Zucker
1/2 TL Salz
1 TL Butter-Vanille-Aroma
60 ml Rapsöl oder Sonnenblumenöl
2 EL Magermilchjoghurt
120 ml Magermilch
3 Eiweiße
1 bis 2 TL Vanille-Extrakt
300 g Haferflocken
150 g Rosinen

Den Backofen auf 190 °C vorheizen. Trockene Zutaten, ausgenommen Haferflocken und Rosinen, vermischen. Butteraroma, Öl, Joghurt, Milch, Eiweiß und Vanille-Extrakt einarbeiten. Haferflocken und Rosinen hinzufügen. Die Mischung eßlöffelweise auf ein beschichtetes Backblech setzen und die Kekse 15 Minuten backen, bis sie goldbraun sind. Herausnehmen und auf einem Kuchengitter auskühlen lassen.

Pro Person 1,6 g Fett; 0,165 g gesättigte Fettsäuren; 65 Kalorien.

Pfirsichauflauf

Sie werden kaum etwas Süßeres finden als dieses Dessert, das mit dem knusprigen Belag selbst das größte Schleckermaul zufriedenstellt.

Pssst... Wie wäre es mit einem echten Frühstückshit? Servieren Sie Ihren Pfirsichauflauf in einer Schale mit etwas Magermilch darauf. Welch ein Anfang für einen Tag!

Für 6 Personen

2 EL Tapiokastärke
180 ml Apfel- oder Kirschsaft
250 g brauner Zucker
120 g Mehl
70 g Instant-Haferflocken
1/4 TL Backpulver
1/4 TL Salz
1/4 TL Natron
1/2 TL gemahlener Zimt
1 EL Rapsöl oder Sonnenblumenöl
2 EL Apfelsaft
400 g Pfirsiche, in Stücke geschnitten (wenn frische nicht erhältlich sind, kann Dosenware verwendet werden)
2 TL Butter-Vanille-Aroma

Den Backofen auf 175 °C vorheizen.

Stärke und 180 ml Saft verrühren. 15 Minuten stehen lassen.

Die trockenen Zutaten mit Rapsöl und den 2 EL Apfelsaft vermischen. Die Hälfte der krümeligen Mischung auf dem Boden einer 2 l fassenden Form verteilen.

Pfirsiche, Butter-Vanille-Aroma und angerührte Stärke vermischen. In der Form verteilen. Die restliche Krümelmischung darübergeben.

Den Auflauf für 30 Minuten in den Backofen schieben. Nötigenfalls zum Bräunen unter den Grill setzen.

Pro Person 3,4 g Fett; 0,35 g gesättigte Fettsäuren; 325 Kalorien.

Sommerpfirsiche

Dieses Rezept hat von all unseren Testdamen, die nur schwer zufriedenzustellen waren, fünf dicke Sterne erhalten. Sie können dieses Dessert auf einem Hochzeitsempfang servieren oder Ihrer besten Freundin zum Kaffee, die Reaktion wird immer die gleiche sein: Lecker!

Das Dessert ist einfach zuzubereiten, sieht wie ein Kunstwerk aus und könnte nicht besser sein. Ist das nicht das beste Kochbuch, das Sie je besessen haben?

Für 12 Personen

6 mittelgroße reife Pfirsiche
6 EL Honig
1 EL Vanille-Extrakt
500 g aufgetaute Tiefkühl-Brombeeren
2 EL frisch gepreßter Orangensaft
300 ml Vanille-Joghurt-Eis (siehe S. 174)

Die Pfirsiche in einen großen Topf geben. Mit Wasser bedecken und 4 EL Honig sowie Vanille-Extrakt zufügen. Zum Kochen bringen, die Hitze reduzieren und den Deckel auflegen. Die Pfirsiche 5 Minuten garen, dann 5 Minuten beiseite stellen. Abtropfen lassen und unter fließendem kaltem Wasser die Haut abziehen. Die Pfirsiche halbieren, die Steine wegwerfen.
Die aufgetauten Brombeeren mit 2 EL Honig und Orangensaft im Mixer glattpürieren.
Zum Servieren das Joghurteis auf sechs tiefe Teller verteilen und seitlich auf jede Portion einen halben Pfirsich setzen. Die Brombeersauce darübergießen.

Pro Person 0,36 g Fett; 0,175 g gesättigte Fettsäuren; 180 Kalorien.

Pflaumen-Aprikosen-Schaum

Gut für die Verdauung und nur mit zwei einfachen Zutaten zubereitet: Pflaumen-Aprikosen-Sauce und Eiweiß. Ziehen Sie die eine behutsam unter die andere, und schon haben Sie ein leichtes, luftiges, etwas säuerliches Dessert, das zimmerwarm am besten schmeckt. Servieren Sie es mit Joghurt-Orangen-Sauce (siehe S. 186) und einem Löffel Pflaumen-Aprikosen-Sauce darauf, und Sie werden verstehen, was ich meine.

Für 6 Personen
250 ml Pflaumen-Aprikosen-Sauce (siehe S. 154)
5 Eiweiße, steifgeschlagen

Den Backofen auf 175 °C vorheizen. Eine 20 cm große quadratische Kastenform einsprühen (siehe Tip, S. 17) oder dünn mit Öl auspinseln.
Die Pflaumen-Aprikosen-Sauce unter den Eischnee ziehen und die Mischung in die Form geben. Eine größere ofenfeste Form zur Hälfte mit heißem Wasser füllen und die Form mit dem Aprikosenschaum hineinsetzen. Für 20 bis 30 Minuten in den Backofen schieben, bis die Masse leicht gebräunt ist.
Pro Person 1,8 g Fett; 0,015 g gesättigte Fettsäuren; 100 Kalorien.

Vanillepudding

Hören Sie auf meinen Rat: Servieren Sie den Pudding leicht angewärmt mit einer Dessertsauce aus diesem Buch – Schokoladensauce (siehe S. 188), Karamelsauce (siehe S. 185), Brombeerpüree (siehe S. 187). Probieren Sie ihn mit gebackenen Äpfeln und Bananen (siehe S. 163). Kombinieren Sie Desserts … ist das nicht toll?

Für 4 Personen
360 ml Magermilch
120 ml Kondensmagermilch
2 EL Maisstärke
80 g Zucker
1 Ei, verquirlt
4 Eiweiße, verquirlt
1 1/2 TL Vanille-Extrakt

Milch, Kondensmilch und Maisstärke in einem Topf sorgfältig verrühren. Zucker, Ei und Eiweiße vermischen. Zu der Milch zufügen und die Mischung bei mittelstarker Hitze rühren, bis sie zu kochen beginnt. Die Temperatur herunterschalten und weiter mit dem Schneebesen rühren, bis die Mischung dick und cremig wird. Von der Kochstelle nehmen und den Vanille-Extrakt hineinrühren. Abkühlen lassen, mit Klarsichtfolie bedecken und in den Kühlschrank stellen.

Pro Person 1,5 g Fett; 0,53 g gesättigte Fettsäuren; 210 Kalorien.

Citruscreme

Ohne Kochen? Leichter geht es nicht? Schmeckt wie Cremepudding mit dem Aroma von Zitrone, Limette, Orange und Tangerine? Läßt sich leicht in Himbeercreme verwandeln (ersetzen Sie alle Citrusfrüchte durch 300 g Tiefkühl-Himbeeren)? Oh, welch eine Nachmittags-Leckerei. Welch ein großartiges Rezept!!!

Für 8 Personen
500 g Frischkäse (siehe S. 155)
1 Dose fettarme Kondensmilch (340 g)
2 bis 3 EL Zucker
60 ml frisch gepreßter Zitronensaft
2 EL frisch gepreßter Limettensaft
60 ml frisch gepreßter Orangen- oder Tangerinensaft
2 TL abgeriebene Schale von 1 unbehandelten Orange oder Tangerine
1 TL Vanille-Extrakt

Frischkäse, Quark und Kondensmilch bei hoher Stufe mit dem Handrührgerät glattrühren. Säfte, abgeriebene Citrusschale und Vanille-Extrakt unterrühren. Die Creme in eine Schüssel füllen und vor dem Servieren kalt stellen.

Pro Person 1,8 g Fett; 1,0 g gesättigte Fettsäuren; 125 Kalorien.

Birnencreme mit Erdbeeren und Blaubeeren

Servieren Sie dieses Dessert mit Himbeersauce zu jeder Gelegenheit, es wird immer ein Hit sein. Pssst… wer noch nie eine Creme gestürzt hat, braucht keine Angst zu haben. Bei jeder unserer Damen, die dies zum erstenmal taten, fiel die Creme regelrecht aus der Form. Sie ist hübsch, vornehm und macht Sie zur Dessertkönigin. Was wollen Sie mehr?

Für 12 Personen

1 große Dose Birnen, abgetropft, Saft aufgefangen und aufbewahrt
300 ml Wasser
3 Päckchen gemahlene Gelatine
150 g Zucker
150 g Magerquark
Öl
150 g Tiefkühl-Erdbeeren
150 g Tiefkühl-Blaubeeren

Den Birnensaft auf 375 ml mit Wasser auffüllen. Die Gelatine einstreuen und 3 Minuten quellen lassen. 300 ml Wasser zum Kochen bringen. Den Zucker hinzufügen und rühren, bis er sich aufgelöst hat. Zu der Gelatinemischung geben und sorgfältig unterrühren. Birnen, Quark und Gelatinemischung in den Mixer geben und glattpürieren.

Eine Puddingform einsprühen (siehe Tip, S. 17) oder dünn mit Öl auspinseln. Die Hälfte der gefrorenen Erdbeeren und Blaubeeren auf dem Boden verteilen. Die Hälfte des Birnenpürees darübergeben. Restliche Beeren darauf verteilen und mit dem verbliebenen Birnenpüree bedecken. Für etwa 2 Stunden kalt stellen, bis die Birnencreme fest geworden ist. Den Boden der Form einige Sekunden in heißes Wasser tauchen. Einen Teller auf die Form setzen und den Pudding stürzen, dabei den Teller gut festhalten. Das Dessert mit Minzeblättern verzieren. Dazu Himbeersauce reichen.

Pro Person 0,12 g Fett; 0,2 g gesättigte Fettsäuren; 115 Kalorien.

Fruchtiger Reispudding

Ich weiß, ich weiß. Reispudding: würg. Aber das ist kein gewöhnlicher Reispudding. Überlegen Sie mal: Reispudding mit Datteln, Rosinen, Apfelsaft, Eiern, Zimt und Muskatnuß ... Sie haben es hier mit Reispudding zu tun, wie Sie ihn noch nie probiert haben.

Wenn Sie Ihren Reispudding warm essen, versuchen Sie ihn mit etwas Vanille-Joghurt-Eis, das Sie schmelzen lassen, bis es eine cremige Konsistenz hat. Dann sehen Sie, ob es gelogen war, daß er gut schmeckt. Dies ist ein Gericht für jede Gelegenheit. Schon morgens ist es toll. Und was Sie vielleicht nicht glauben werden: Es eignet sich großartig zum Mitnehmen.

Für 6 Personen
200 g Reis
360 ml Magermilch
240 ml Kondensmagermilch
1 Ei
2 Eiweiß
1 EL Maisstärke
80 g hellbrauner Zucker
1/8 TL Salz
1 EL naturtrüber Apfelsaft
60 g Rosinen
40 g Datteln, gehackt
1 TL gemahlener Zimt
1/2 TL geriebene Muskatnuß
Öl

Den Reis nach Gebrauchsanweisung zugedeckt garen, bis er weich ist.
Den Backofen auf 175 °C vorheizen.
Milch, Kondensmilch, Ei, Eiweiß, Maisstärke, Zucker und Salz vermischen. Reis, Saft, Rosinen, Datteln und Gewürze hineinrühren. Eine ofenfeste Puddingform einsprühen (siehe Tip, S. 17) oder dünn mit Öl auspinseln. Die Puddingform in eine größere ofenfeste Form setzen, die 2,5 cm hoch mit heißem Wasser gefüllt ist. Den Pudding für etwa 90 Minuten in den Backofen schieben, bis er cremig ist. Warm oder kalt servieren.

Pro Person 1,4 g Fett; 0,53 g gesättigte Fettsäuren; 300 Kalorien.

Vanille-Joghurt-Eis

Sie denken, Eis ist tabu, wenn man schlank bleiben will? Sie glauben, es gibt kein fettarmes Eis? Vertrauen Sie mir. Schwelgen Sie in dieser garantiert fettarmen Eisversion der Neunziger. Servieren Sie es Ihren Kindern… sie werden ihre Mutter auf Händen tragen…

Für 2 Personen

1/8 l Magermilch
1 Stück Vanilleschote (etwa 5 cm)
250 g fettarmer Joghurt
2 Eiweiße
6 EL Zucker

Die Milch in einem Topf etwas anwärmen und die gespaltene Vanilleschote hineingeben. Den Topf von der Kochstelle nehmen und für etwa 15 Minuten beiseite stellen.
Das Mark der Vanilleschote in die Milch schaben, dann die übrigen Zutaten mit dem Schneebesen unterrühren. Die Mischung in den Gefrierschrank stellen. Wenn sie fest geworden ist, das Eis zerkleinern und in Küchenmaschine oder Mixer geben. Kurz schlagen, bis es geschmeidig ist, es darf aber nicht schmelzen. Wieder in den Gefrierschrank stellen und fest werden lassen.

Pro Person 1,7 g Fett; 0,25 g gesättigte Fettsäuren; 515 Kalorien.

Schokoladen-Joghurt-Eis

Haben Sie auch schon als Kind Schokoladeneis geliebt? Süß, erfrischend und köstlich schokoladig, das Beste für heiße Sommertage? Nun, das neue, fettarme Susan-Powter-Schokoladen-Joghurt-Eis stellt jedes Schokoladeneis, das Sie je gegessen haben, in den Schatten. Schließen Sie die Augen und probieren Sie… und essen Sie, soviel Sie wollen…

Für 2 Personen

1/8 l Milch
4 EL Schokoladensauce (siehe S. 188)
250 g fettarmer Joghurt
2 Eiweiße
2 EL Zucker

Milch und Schokoladensauce verrühren, dann weiter wie bei Vanille-Joghurt-Eis (S. 174).

Pro Person 6,6 g Fett; 2,8 g gesättigte Fettsäuren; 550 Kalorien.

Joghurt-Shakes

Shakes ist Mehrzahl. Vier auf einmal, um genau zu sein.
Sie können sich zwischen folgenden Geschmacksrichtungen entscheiden:
Banane-Schokolade; Vanille-Orange; Schokolade-Himbeere; Vanille-Pfirsich-Kirsche;
Mixen und genießen Sie…

Bananen-Schokoladen-Shake

Für 2 Personen

Schokoladen-Joghurt-Eis (siehe oben)
1 mittelgroße reife Banane
1/2 TL Vanille-Extrakt
genügend Magermilch zum Vermischen

Alle Zutaten im Mixer glattpürieren.

Pro Person 3,4 g Fett; 1,4 g gesättigte Fettsäuren; 320 Kalorien.

Orangen-Vanille-Shake

Für 2 Personen

Vanille-Joghurt-Eis (siehe S. 174)
1 Orange, sorgfältig geschält und in Stücke geschnitten
1/2 TL Vanille-Extrakt
genügend Magermilch zum Vermischen

Alle Zutaten im Mixer glattpürieren.

Pro Person 1,1 g Fett; 0,13 g gesättigte Fettsäuren; 300 Kalorien.

Schokoladen-Himbeer-Shake

Für 2 Personen

Schokoladen-Joghurt-Eis (siehe S. 175)
40 g Tiefkühl-Himbeeren
1 Becher fettarmer Vanillejoghurt
genügend Magermilch zum Vermischen

Alle Zutaten im Mixer glattpürieren.

Pro Person 4,3 g Fett; 1,5 g gesättigte Fettsäuren; 305 Kalorien.

Sommer-Shake

Für 2 Personen

Vanille-Joghurt-Eis (siehe S. 174)
30 g Pfirsichstücke
30 g entsteinte Kirschen
1/2 TL Vanille-Extrakt
genügend Magermilch zum Vermischen

Alle Zutaten im Mixer glattpürieren.

Pro Person 1,4 g Fett; 0,15 g gesättigte Fettsäuren; 275 Kalorien.

Schokoladen-Orangen-Kuchen

Ich habe zu diesem Kuchen nur eine Sache zu sagen: Sehen Sie sich die Zutaten an! Was könnte besser sein? Geben Sie eine ordentliche Portion Ihres Lieblingssorbets oder Schokoladensauce (siehe S. 188) darauf und lassen Sie es sich mit diesem edlen, köstlichen Kuchen gutgehen.

Für 10 Personen

Öl
1 Ei
120 ml Buttermilch
2 TL pürierte sehr reife Banane
2 EL frisch gepreßter Orangensaft
1 TL abgeriebene Schale von 1 unbehandelten Orange
1 TL Vanille-Extrakt
125 g Zucker
150 g Mehl
1/2 TL Backpulver
1 TL Natron
75 g Schoko-Tröpfchen
Kakao und abgeriebene Orangenschale zum Verzieren

Den Backofen auf 175 °C vorheizen. Eine Springform oder 20 x 20 cm große Kuchenform einsprühen (siehe Tip, S. 17) oder dünn mit Öl auspinseln. In einer Schüssel das Ei mit dem Handrührgerät auf mittlerer Stufe 2 bis 3 Minuten schlagen, dann nach und nach den Zucker zufügen, bis die Mischung schaumig ist. Behutsam die restlichen Zutaten mit Ausnahme der Garnierung untermischen. Den Teig in die Form füllen und etwa 30 Minuten backen, bis ein in die Mitte geschobener Holzspieß beim Herausziehen noch sauber ist.

Den Kuchen auskühlen lassen, auf einen Teller setzen und mit Kakao und abgeriebener Orangenschale verzieren.

Pro Person 3,5 g Fett; 1,85 g gesättigte Fettsäuren; 185 Kalorien.

Schokoladen-Brot-Auflauf

Dieses Rezept ist wirklich gut, und es würde nicht existieren, hätte es nicht jene Frauen der ersten Siedler gegeben, die uns lehrten, nie etwas wegzuwerfen. Dieser Auflauf kommt mit einer knusprigen Kruste aus Ihrem Herd und schmeckt so großartig, daß es Sie umhaut. Geben Sie Orangen-Vanillecreme-Sauce (siehe S. 183) oder Vanille-Joghurt-Eis darüber.

Psssst … machen Sie eine Extraportion, denn er schmeckt am nächsten Tag noch genauso gut.

Für 6 bis 8 Personen

Öl
70 g Kakao sowie Kakao zum Ausstäuben
320 g Zucker
700 ml Magermilch
500 g Brot vom Vortag ohne Kruste, in Stücke zerzupft
1 EL Vanille-Extrakt
1 Ei
2 Eiweiße
1 TL gemahlener Zimt
1/2 TL Salz
1 TL abgeriebene Schale von 1 unbehandelten Orange

Den Backofen auf 190 °C vorheizen. Eine Kastenform aussprühen (siehe Tip, S. 17) oder dünn mit Öl auspinseln und mit Kakao ausstäuben.

Kakao und 150 g Zucker mit der Milch in einem Topf vermischen und bei mittlerer Temperatur rühren, bis sich der Zucker aufgelöst hat. Abkühlen lassen. Über das Brot gießen und warten, bis das Brot die Milch aufgenommen hat. Vanille-Extrakt, Ei, Eiweiß, Zimt, restlichen Zucker, Salz und abgeriebene Orangenschale vermischen. Eine Schicht Brot in die Form geben und etwas Eimischung darübergießen. Weiter Brot und Eimischung in die Form geben, bis das Brot aufgebraucht ist. Die restliche Eimischung darübergießen und den Auflauf 45 bis 60 Minuten backen, bis er oben knusprig und in der Mitte fest ist. Etwas abkühlen lassen. Warm oder kalt servieren. Am Boden der Form sammelt sich etwas Flüssigkeit.

Pro Person 2 g Fett; 0,9 g gesättigte Fettsäuren; 210 Kalorien.

Gefrorene Schokoladencreme

Völlig unkompliziert, zergeht auf der Zunge, und wenn Sie Schokolade lieben, fügen Sie noch etwas Schokoladensauce (siehe S. 188) hinzu und geben ein paar frische Himbeeren darauf.

Für 8 Personen

500 ml Kondensmagermilch

180 ml Schokoladensauce (siehe S. 188), gekühlt

Schüssel, Rühreinsätze des Handrührgerätes und Kondensmilch 1 Stunde in den Kühlschrank stellen. Die Milch schlagen, bis sie die Konsistenz von Schlagsahne hat. Die Schokoladensauce sorgfältig unterziehen. Die Creme für etwa 90 Minuten ins Gefriergerät stellen.

Pro Person 1,1 g Fett; 0,5 g gesättigte Fettsäuren; 110 Kalorien.

Schokoladenkuchen mit Pudding

Schokoladenkuchen ist gut. Schokoladenkuchen tröstet. Schokoladenkuchen bleibt uns auch in den Neunzigern erhalten, dank dieses neuen Schokoladenkuchens mit Puddingsauce. Ein Schokoladenkuchen mit kleinen Löchern, die mit Schokoladensauce gefüllt sind. Interessiert an einer fettärmeren Version Ihres Lieblingsdesserts? Ich denke doch!!!

Für 8 Personen
220 g Zucker
200 g Mehl
50 g Kakaopulver, entölt
1/2 TL Natron
1/4 TL Salz
100 g kalorienreduzierte Margarine
1/2 TL Essig
120 ml Pflaumensaft
120 ml Wasser
1 TL Vanille-Extrakt
Öl
250 ml Schokoladensauce (siehe S. 188)

Den Backofen auf 175 °C vorheizen.
Alle trockenen Zutaten sorgfältig vermischen. Margarine, Essig, Pflaumensaft, Wasser und Vanille-Extrakt hinzufügen und mit dem elektrischen Handrührgerät sorgfältig unterrühren.
Eine 20 x 20 cm große quadratische Backform aussprühen (siehe Tip, S. 17) oder dünn mit Öl auspinseln. Den Teig in die Form füllen und 40 bis 50 Minuten backen, bis die Mitte des Kuchens bei leichtem Daraufdrücken zurückfedert.
Den Kuchen herausnehmen und 10 Minuten ruhen lassen. Mit etwa 5 cm Abstand Löcher hineinstechen und die Schokoladensauce über den Kuchen gießen. Mit einem Klecks Schokoladenpudding auf jedem Stück servieren.

Pro Person 6,9 g Fett; 1,5 g gesättigte Fettsäuren; 350 Kalorien.

Schokoladenpudding

Laden Sie ein paar Freundinnen ein. Verbinden Sie Ihnen die Augen. Stellen Sie zwei Schüsseln mit Schokoladenpudding vor sie … einen „aus dem Laden" – fettreichen normalen Pudding – und dann diesen Schokoladenpudding, der in Minuten zubereitet ist und sowohl warm als auch kalt sagenhaft schmeckt. Sie können ihn mit Ihrer Lieblingssauce servieren oder auch als Überzug auf Ihren Lieblingskuchen geben … berichten Sie mir, ob Ihre Freundinnen einen Unterschied zwischen dem Schokoladenpudding, der ihre Hüften fett werden läßt, und dem neuen, besseren, köstlichen, fettarmen Pudding der Zukunft feststellen konnten.

Für 8 Personen
560 ml Magermilch
180 ml Schokoladensauce (siehe S. 188)
1/8 TL Salz
3 EL Zucker
3 EL Maisstärke
1 TL Vanille-Extrakt

Im Wasserbad 500 ml Milch, Schokoladensauce, Salz und Zucker vermischen und gerade zum Kochen bringen. Auf mittlere Hitze herunterschalten.
Restliche Milch und Maisstärke verrühren. Mit einen Draht-Schneebesen die Stärke unter ständigem Rühren in die Schokoladenmischung gießen – sie wird rasch dick. Auf schwache Hitze herunterschalten und den Pudding zugedeckt noch einmal 10 Minuten garen. Von der Kochstelle nehmen und den Vanille-Extrakt hineinrühren. Den Pudding vor dem Servieren kalt stellen.

Pro Person 1,25 g Fett; 0,5 g gesättigte Fettsäuren; 130 Kalorien.

Schokoladen-Bananen-Pie

Bananenkuchen gehört zu meinen Leibspeisen. Doch bisher glaubte ich nicht ernstlich, daß wir eine preisverdächtige Version ohne Fett zubereiten könnten.

Dieser kleine Schoko-Bananen-Kuchen hat von allen, die ihn probierten und dann endlos aßen, fünf Sterne erhalten. Sie sollten eine gewaltige Menge zubereiten und nicht erwarten, daß etwas von diesem cremigen, nicht zu süßen, aber ausreichend süßen, fettarmen Kuchen übrigbleibt.

Für 8 Personen

70 g Vollkornzwieback, zerkrümelt
2 EL Zucker
1 Eiweiß, schaumig geschlagen
Öl
500 ml Schokoladenpudding (siehe S. 181)
3 Bananen, in Scheiben geschnitten

Den Backofen auf 190 °C vorheizen. Zerkrümelten Zwieback mit Zucker und Eiweiß vermischen. Die Mischung mit befeuchteten Fingern in eine eingesprühte (siehe Tip, S. 17) oder dünn mit Öl ausgepinselte Pie-Form drücken und für 15 Minuten in den Backofen schieben. Die Bananenscheiben auf dem Boden verteilen und mit dem Schokoladenpudding bedecken. Vor dem Servieren kalt stellen.

Pro Person 1,4 g Fett; 0,5 g gesättigte Fettsäuren; 170 Kalorien.

Orangen-Vanillecreme-Sauce

Vanillecreme hat für mich so viel mit meiner kürzlich verstorbenen Großmutter zu tun, daß es mir im Herzen weh tut, dies zu schreiben. Wenn ich an Vanillecreme denke, fällt mir dick, warm, gehaltvoll, Großmama ein.

Vanillecreme gehörte nicht zu den Dingen, über die ich bisher nachdachte, doch bei allem Respekt für Poppy, meine Großmutter, muß ich sagen, daß dieses Rezept etwas schlägt, das ich immer für unschlagbar hielt: Großmamas Vanillecreme.

Gute Ideen von der Chefköchin: Servieren Sie sie auf Kuchen, frischem Obst und allem Schokoladigem.

Achtung: Machen Sie die doppelte Menge, denn die Hälfte essen Sie schon bei der Zubereitung

Für 8 Personen
360 ml Magermilch
50 g Zucker
2 EL Maisstärke
1 Ei
1 TL abgeriebene Schale von 1 unbehandelten Orange
1 TL Orangen-Extrakt
1/2 TL Vanille-Extrakt

Milch und Maisstärke in einem Topf sorgfältig verrühren. Zucker, Ei und abgeriebene Orangenschale hinzufügen.
Die Mischung bei mittlerer Hitze unter Rühren zum Kochen bringen, bis sie dick geworden ist. Von der Kochstelle nehmen und die Extrakte hineinrühren. Die Sauce mit Klarsichtfolie abdecken, damit sich keine Haut bildet.

Pro Person 0,7 g Fett; 0,25 g gesättigte Fettsäuren; 60 Kalorien.

Vanillesauce

Sie möchten irgend etwas mit einer Schüssel Obst machen? Diese vielseitige Sauce (besonders gut ist sie frisch zubereitet) kann über jedes Dessert in diesem Buch gegeben werden. Warme Vanillesauce, die von Ihrem Lieblingsdessert heruntertropft ... was könnte besser sein? Nach dem Abkühlen wird diese tolle Sauce zu einer dicken Creme, die, mit Zimt bestreut, großartig schmeckt.

Für 6 Personen

360 ml Magermilch
1 EL Maisstärke
2 Eiweiß, verquirlt
1 Ei, verquirlt
4 EL Zucker
1 TL Vanille-Extrakt

Milch und Maisstärke in einem Topf bei schwacher Hitze rühren, bis sich die Maisstärke aufgelöst hat. Die restlichen Zutaten mit Ausnahme des Vanille-Extraktes untermischen. Bei mittlerer Hitze etwa 5 Minuten ständig rühren, bis die Sauce dick ist. Von der Kochstelle nehmen und den Vanille-Extrakt zufügen. Klarsichtfolie darauflegen, damit sich keine Haut bildet. Vollkommen abkühlen lassen.

Pro Person 0,95 g Fett; 0,35 g gesättigte Fettsäuren; 80 Kalorien.

Karamelsauce

Karamelisierte Äpfel? Karamelbonbons? Wer könnte ohne Karamel leben? Wir mußten lediglich die Butter weglassen und das buttrige Aroma bewahren, für das Karamel berühmt ist. Servieren Sie die Sauce warm zu Vanille-Joghurt-Eis, Pudding, Schokoladenkuchen, Apfelkuchen und, warm oder kalt, als Dip für in Scheiben geschnittene Äpfel. Guten Appetit!

Für 6 Personen

350 ml Kondensmagermilch
$1\frac{1}{2}$ EL Maisstärke
40 g hellbrauner Zucker
30 g dunkelbrauner Zucker
1 TL kalorienreduzierte Margarine
1 bis 2 TL Vanille-Butter-Aroma

Milch und Maisstärke in einem Topf verrühren, bis sich die Maisstärke aufgelöst hat. Zucker und Margarine zufügen. Die Mischung bei mittlerer Hitze mit dem Schneebesen rühren, bis sie dick wird. Von der Kochstelle nehmen. Vanille-Butter-Aroma nach Geschmack hineinrühren.

Pro Person 1 g Fett; 0,2 g gesättigte Fettsäuren; 110 Kalorien.

Vanille-Joghurt-Zuckerguß

In ein paar Minuten haben Sie fünf Zutaten vermischt und eine fettarme Glasur, die auf alles gegeben werden kann! Natürlich auf kleine und große Kuchen, aber zum Beispiel auch auf Zimttoast. Oder nehmen Sie Ihr Kleiebrötchen (meistens langweilig) und versüßen Sie es mit einen Vanille-Joghurt-Zuckerguß.

Für 12 Personen
2 EL Magermilch
250 g Frischkäse (siehe S. 155)
250 g Puderzucker
1 TL Vanille-Extrakt
1 TL abgeriebene Schale von 1 unbehandelten Zitrone oder Orange

Milch und Frischkäse vermischen. Nach und nach Zucker, Vanille-Extrakt und abgeriebene Schale untermischen. Für einen festeren Guß mehr Zucker hinzufügen.

Pro Person 0,55 g Fett; 0,03 g gesättigte Fettsäuren; 80 Kalorien.

Joghurt-Orangen-Sauce

Geben Sie diese Sauce über Schokoladenkuchen. Dippen Sie jeden Keks unter der Sonne hinein. Oder servieren Sie sie mit Bratäpfeln (siehe S. 162) oder Apfelkuchen und Eiscreme.

Für 4 Personen
250 ml milder stichfester Magermilchjogurt
60 ml Honig
60 ml frisch gepreßter Orangensaft
1/2 TL abgeriebene Schale von 1 unbehandelten Orange

Alle Zutaten miteinander verrühren und kalt stellen. Auf Obst- oder Schokoladenkuchen servieren.

Pro Person 0,05 g Fett; keine gesättigten Fettsäuren; 90 Kalorien.

Pfirsich-Vanille-Püree

Klar, Sie können dieses Püree über frisches Obst geben, aber damit sind die Möglichkeiten längst nicht erschöpft. Wie wäre es damit: Pfirsich-Vanille-Püree auf Joghurteis. Oder gießen Sie diese kleine Köstlichkeit morgens über Ihre Haferflocken...

Ich sagte Ihnen doch, daß diese Rezepte großartig sind!!!

Für 4 Personen
125 g Pfirsichstücke
1 EL Honig
60 ml Apfel- oder Pfirsichsaft
1/2 TL Vanille-Extrakt
1/4 TL gemahlener Zimt

Alle Zutaten in den Mixer geben und pürieren. Vor dem Servieren kalt stellen. Auf Wunsch kann auch mehr Honig zugefügt werden.

Pro Person 0,06 g Fett; 0,01 g gesättigte Fettsäuren; 45 Kalorien.

Brombeerpüree

Brombeerpüree zu Ihrem fettarmen Joghurt? Brombeerpüree mit frischen Früchten darauf? Frisches Obst bekommt eine ganz neue Bedeutung... wenn es auf Brombeerpüree schwimmt.

Für 4 Personen
160 g Tiefkühl-Brombeeren
1 EL Honig
2 EL Beerensaft

Alle Zutaten in den Mixer geben und pürieren. Vor dem Servieren kalt stellen. Falls gewünscht, kann mehr Honig zugefügt werden.

Pro Person 0,2 g Fett; 0,08 g gesättigte Fettsäuren; 45 Kalorien.

Schokoladensauce

Genug der Worte. Der Name allein sollte selbst das sanfteste Leckermaul in Begeisterung versetzen. Diese Sauce schreit

Gieß mich über einen Eisbecher.

Gieß mich über Vanillecreme.

Gieß mich über Eiscreme, Kuchen, Bananen.

Gieß mich über alles ... aber gieß mich.

Einfach köstlich: Köcheln Sie ein paar frische Birnen in ihrem Saft. Nach dem Abtropfen geben Sie sie in eine Servierschüssel, gießen Vanillesauce (siehe S. 184) und Schokoladensauce darüber und servieren das Ganze einem Schokoladensaucenfeind.

Für 12 Personen
250 ml Wasser
250 g Zucker
100 g Kakao
1 EL Vanille-Extrakt

Wasser und Zucker in einen Topf geben und zum Kochen bringen. 5 Minuten kochen lassen. Von der Kochstelle nehmen und unter ständigem Rühren den Kakao zufügen. Wieder auf den Herd setzen und bei schwacher Hitze etwa 5 Minuten köcheln lassen, bis sich der Kakao ganz aufgelöst hat. Von der Kochstelle nehmen und den Vanille-Extrakt hineinrühren. Heiß oder kalt servieren.

Pro Person 2 g Fett; 1,1 g gesättigte Fettsäuren; 120 Kalorien.

Schokoladen-Himbeer-Sauce

Es ist schon erstaunlich, was aus zwei einfachen Zutaten wie Schokoladensauce und Himbeeren werden kann. Ein Dip, ein Aufstrich, Fondue. Was immer Ihnen einfällt …

Für 8 Personen
250 ml Schokoladensauce (siehe S. 188)
160 g Tiefkühl-Himbeeren

Schokoladensauce und Himbeeren im Mixer pürieren. Auf Kuchen oder Joghurteis servieren.

Pro Person 1,3 g Fett; 0,65 g gesättigte Fettsäuren; 90 Kalorien.

Rezeptregister

Rezeptregister